Anette Raschdorf

Kindern Stille als Erlebnis bereiten

Sinnesübungen, Fantasiereisen und Entspannungsgeschichten
zur Gestaltung von Ruhesituationen
in Kindergarten, Grundschule und Familie

Ökotopia Verlag Münster

Impressum

Autorin: Anette Raschdorf
Illustration: Anne Wöstheinrich
Satz: Druckwerkstatt Hafen GmbH, Münster

1 2 3 4 5 6 7 · 06 05 04 03 02 01 00

CIP-Titelaufnahme der Deutschen Bibliothek

Kindern Stille als Erlebnis bereiten : Sinnesübungen, Fantasiereisen und Entspannungsgeschichten zur Gestaltung von Ruhesituationen in Kindergarten, Grundschule und Familie / Anette Raschdorf. Ill. Anne Wöstheinrich. -Münster : Ökotopia-Verl., 2000
ISBN 3-931902-59-5

Inhalt

Einleitung

Was bedeutet Stille?

Stille heißt im Folgenden nicht Geräuschlosigkeit. Stille umfasst vielmehr die Chance etwas zu entdecken, das sonst nicht wahrzunehmen ist.

Stilleübungen sind kein Trick Kinder ruhig zu bekommen oder zu halten, sondern sie dienen als Angebot ihre Erlebniswelt zu erweitern. Sie bieten ihnen die Erfahrung an, dass Stille bereichern kann.

Stille ist also nicht das Ziel, sondern eine methodische Möglichkeit, die Fülle des Lebens entdecken zu lernen. Sie ist nicht nur die Abwesenheit von Geräuschen, sondern sie schafft einen Erlebnisraum für das Kind. Sie ist deshalb nicht für andere da, nicht dazu da „nicht zu stören", sondern sie ist eine Voraussetzung für das Kind, um besser zu hören, genauer sehen und differenzierter empfinden zu können. Es geht um das Sich-Öffnen für die leicht übersehbaren Dinge.

Stille bedeutet ein tieferes Erkennen, das es ermöglicht anders zu handeln als vorher. Sie bedeutet so auch Schulung der Sinne. Es geht jedoch nicht darum, die Entwicklung der Kinder ein wenig zu beschleunigen, sondern darum, diese Anlagen nicht zu verlieren.

Stille und Entspannung aber haben es im alltäglichen Trubel schwer. Die Aktivität anderer stört oft das eigene Bedürfnis nach Stille und Ruhe. Stilleübungen in der Gruppe können zu einem Erleben mit anderen beitragen, das sonst eher zu kurz kommen würde.

Warum Stilleübungen für Kinder?

Stilleübungen sind Gestaltungselemente, die in die pädagogische Arbeit einfließen, um den Kindern zu helfen ruhiger zu werden, zu sich selbst zu finden, sich zu konzentrieren.

Durch regelmäßiges Üben werden die Kinder ausgeglichener und sind eher bereit sich auf ein gemeinsames Miteinander einzulassen.

Ruhe und Stille kommen über die Übungen langsam unter die Selbstkontrolle der Kinder, während sie üblicherweise nur von außen verlangt und durchgesetzt werden.

Es geht nicht darum, Stille und Entspannung als Ideal anzustreben - Aktivität ist für Kinder mindestens genauso wichtig! - doch die Erfahrungen, welche die Kinder von zuhause oder aus ihrer unmittelbaren Umgebung mitbringen, klaffen oft extrem auseinander und wirken sich auf den pädagogischen Alltag durch Störungen, Unruhe, Wutausbrüche und Aggressionen aus. Stilleübungen als Alternativangebot können dazu beitragen die Gruppe als eine Gemeinschaft zu erleben, in der sich die Kinder wohl fühlen.

Ziele der Entspannungsarbeit

Entspannung – ein Weg zur natürlichen Balance zwischen Ruhe und Aktivität

Das gezielte Entspannen - durch regelmäßiges Üben - fördert das Erreichen des inneren Gleichgewichts von Bewegung und Ruhe. Dies wirkt sich mit der Zeit erholend auf den gesamten Organismus aus. Die Abwehrkräfte werden mobilisiert, Muskelspannungen lösen sich, da der Muskeltonus während der Entspannung sinkt und die Durchblutung erhöht wird. Stilleübungen begünstigen die rhythmische Ordnung, die im menschlichen Körper durch das vegetative Nervensystem gesteuert wird: rhythmisches ein- und ausatmen, schlagen des Herzens im Takt.

Einfache und konzentrative Atemübungen fördern im Kind zudem einen Atemrhythmus, der es ihm erlaubt in sich hineinzulauschen. Das Kind nimmt sich und die Signale seines Körpers, seine Gefühle und Gedanken bewusster wahr und lernt sich auf diese Weise immer besser kennen. Zugleich übt es den Wechsel zwischen „Außen" und „Innen", da es seine Aufmerksamkeit von der Umwelt ablenkt und nach innen auf die eigene reiche Bilderwelt steuert. Seine Umschaltfähigkeit zwischen Wachen und Schlafen, Bewegung und Ruhe wird trainiert.

Durch die bessere Selbsterkenntnis entwickelt das Kind ein gutes Gespür für die sozialen Bedürfnisse seiner Umgebung. Des Weiteren trägt die Kombination von Bewegungs- und Entspannungsübungen dazu bei, die körperliche Gesundheit zu erhalten. Die Kinder erlernen hier eine Möglichkeit, ihren Bewegungsdrang auf sehr kleinem Raum auszuleben. Dies kann beispielsweise muskulären Schäden und Fehlhaltungen entgegenwirken.

Durch die bewegungsreichen Elemente vor einer Ruheübung wird zum einen der Unterschied zwischen Aktivität und Entspannung, zum anderen die enge Beziehung zwischen beiden demonstriert. Dies fördert die natürliche Balance.

Denn es geht eben nicht darum, mit Kindern einfach nur Stille einzuüben. Vielmehr geht es darum ihnen ein Körpergefühl von Ruhe und Aktivität zu vermitteln, um ihr Gespür dafür zu schulen, welche Form in einer aktuellen Situation gerade die Richtige für sie ist.

Entspannung zur Förderung der „konzentrativen Selbsterfahrung“

Die Kinder erhalten durch die Entspannung Hilfe Abstand von äußeren Anforderungen zu finden, indem sie sich auf sich selbst besinnen und die eigene Ruhe suchen. Um die eigene Mitte zu finden muss das Kind die eigene - oder die es umgebende - Unruhe und Unausgeglichenheit verlassen.
Dies trägt zu seiner kindgerechten, geistigen, seelischen und körperlichen Entwicklung bei. Nur so können die Kinder ihre Fähigkeit, sich auf die eigenen inneren Bilder, ihre eigenen Ordnungsstrukturen zu besinnen, bewahren, statt sich fremd bestimmte Bilder anzueignen.
Stille hat dabei die Funktion dem Kind den Weg zu sich selbst zu öffnen, es entdecken zu lassen, was in ihm ist.
Meditation ist eine Möglichkeit für das einzelne Kind wieder zu lernen, das, was es tut, ganz zu tun; Ängste und Desorientierung abzubauen und das Selbstwertgefühl zu stärken.
Durch die wiederholenden Übungen wird dem Kind Sicherheit vermittelt. Diese ist Voraussetzung dafür, sich vertieft auf die Ruhe und die veränderten Körperfunktionen einzulassen.
Auch das Lob, welches das Kind allein fürs Mitmachen und nicht für das Bessermachen erhält, stellt einen Gegenpol zur oft leistungsorientierten Umgebung dar und gibt dem Kind ein gesundes Selbstwertgefühl.

Entspannung zur kognitiven Förderung

Die in den Entspannungsübungen enthaltenen erzählenden Geschichten und die Erfahrungen mit der Natur stellen eine Förderung im kognitiven Bereich dar.
Die Assoziationsfähigkeit und das logische Denken werden geschult. Die angespannten Nerven entspannen sich. Durch autogene Trainingsformen lernen die Kinder, sich besser auf die momentane Situation zu konzentrieren und sich nicht so leicht durch Nebengedanken ablenken zu lassen.
Die Kinder werden sensibler dafür, sich auf neue Inhalte und Sinnzusammenhänge einzulassen.

Entspannung zur Förderung der Fantasie und des Ausdrucks

Bei der Entspannung über Märchenreisen oder Imaginationsübungen identifizieren sich die Kinder mit den Hauptfiguren, ohne dass ein pädagogischer Zeigefinger erhoben wird.

Die mitwirkenden Fantasiegestalten brauchen zumeist Ruhe, um zum Erfolg zu kommen. In dem Kind wird ein Wunschdenken nach dieser Ruhe wach. Es projiziert so seine Wünsche und Hoffnungen in die Erzählung und baut sich eine psychische Realität auf.

Es wird ein Mitfühlen und Einfühlen in die Geschichte und in die eigene Person aktiviert. Das Kind wird durch die Anregung seiner subjektiven Bilder in die Geschichte miteinbezogen. Durch die Identifikation mit einer Hauptfigur wird das Kind aufgefordert, mit dieser Ruhe und Entspannung zu fühlen.

Hier verkümmert die Fantasie nicht, sondern ein innerer Bildfluss wird angeregt.

In der Welt der Fantasie fühlt sich das Kind allmächtig. Dies ist ein wichtiger Ausgleich zu seiner alltäglich erlebten Ohnmacht in einer wenig kinderfreundlichen Welt. Die Kinder können die Eindrücke in Ruhe aufnehmen und lernen sie durch Bewegung auszudrücken, sie im Gespräch zu verarbeiten und durch Malen nach Musik wirken zu lassen.

Sie verleihen so ihrer Erlebnisfähigkeit Ausdruck und werden zum schöpferischen Denken angeregt. Es findet eine Verarbeitung von Gefühlen statt; selbst für die Kinder, die sich verbal nicht ausdrücken wollen.

Die Kinder lernen beim Artikulieren ihrer Gefühle Hemmschwellen abzubauen und Begriffe zu bilden. Dieses freie Erzählen fördert zum einen das Selbstbewusstsein, etwas der Gruppe mitzuteilen, zum anderen erfordert es Einfühlungsvermögen in die Darstellungsformen anderer. Die Kinder können hier untereinander in Beziehung treten und erleben sich als eine Gemeinschaft.

Entspannung als Weg zur Schulung der Sinne

Die in die Stilleübungen aufgenommenen Sinneswahrnehmungen betonen weniger die Aspekte des Erfassens und Merkens als vielmehr Achtsamkeit und Gewahrsam für die Dinge des Alltags und unserer Umgebung.

- Die Kinder werden z. B. in ihrer *auditiven Wahrnehmungsfähigkeit* gefördert. Sie lernen unterschiedliche Sprachrhythmen, Sprachmelodien sowie die Verbalisierung von Gefühlen kennen. Die Kinder hören unterschiedliche Formulierungen und

Wörter, die sie später wieder verwenden können.
Über den Bezug auf das Gehör soll eine gezielte Konzentration des Kindes erreicht werden. Das Innehalten des Kindes wird positiv angesprochen, indem seiner Aufmerksamkeit eine Richtung angeboten wird, z. B. einem verklingenden Ton eines Musikinstrumentes nachzulauschen.

- Bei Sinnesübungen zur Stille, die sich überwiegend mit dem *Sehen* beschäftigen, stellen die Kinder eine Verbindung von Gegenständen zu der eigenen Fantasie und eigenen inneren Bildern her - das genauere Betrachten der äußeren Gegenstände ist hier eher nebensächlich.
  Stilleübungen können dazu beitragen, die *optische Wahrnehmungsfähigkeit* zu vertiefen, auch andere „Ansichten“ eines Gegenstandes herauszufinden. Es wird der Blick für die Dinge des Alltags geschärft.
- Bei Sinnesübungen der *taktilen Wahrnehmung* wird den Kindern über das Fühlen so etwas wie „Sehen“ möglich. Die Kinder erfahren hier Sensibilität gegenüber sich selbst und anderen - sie lernen ihren Körper intensiver zu spüren.

Stille als Chance des Gefühlsausdrucks

Die Möglichkeiten des Gefühlsausdrucks sind bei den Übungen auf unterschiedlichste Art gegeben. Das Kind kann seine Gefühle durch Bewegung darstellen, gestalterisch äußern, mit Naturmaterialien legen oder auch verbalisieren. Dieses „Sich-Äußern“ ist nötig, um ein gesundes soziales Umfeld zu vermitteln. Nur wer sich traut sich mitzuteilen, kann verstanden werden.
Die Erfahrung des Sich-Angenommen-Fühlens bildet die Basis für Beziehungen und Sensibilisierung für die Umwelt.

Stilleerfahrungen als Bewältigungsmöglichkeiten

Die Beseitigung der Ursachen für Belastungen der Kinder ist in diesem Rahmen meist nicht möglich oder zumindest sehr schwierig. Der Kindergarten/die Schule wäre auch für ein **therapeutisches** Eingehen auf Probleme einzelner Kinder der falsche Ort. Dennoch ist die Verbesserung ihrer Bewältigungsmöglichkeiten ein durchaus erreichbares und im Sinne der Vorsorge wünschenswertes Ziel - auch unabhängig von individuellen Problemen einzelner Kinder.
Entspannung ist eine Möglichkeit die Bewältigungsstrategien des Kindes zu bereichern. Viele Probleme hängen mit Stress

und chronischer Anspannung zusammen. Entspannung ist hier sowohl für die aktuelle Bewältigung als auch für die Vorsorge ein natürliches Gegenmittel.

Entspannung sollte in diesem Zusammenhang zweierlei leisten:
Zum einen sollten bestehende oder zukünftige Belastungen besser bewältigt werden, zum anderen gilt es ganz unabhängig davon die positiven, die kreativen Möglichkeiten des Kindes zu fördern.

Während Aktivität als eine Grundmöglichkeit des Umgangs mit einer Situation jedem vertraut ist, fällt es oft schwer in kritischen Situationen die nötige Ruhe zur Bewältigung der Anforderungen zu finden. Aber nicht die Entspannung an sich ist dabei wertvoll, sondern wichtig ist die Fähigkeit, zwischen Aktivität und Entspannung pendeln zu können und dabei immer das Maß an Anspannung zu finden, das die Situation verlangt.

Praktische Tipps zur Durchführung von Entspannungsübungen

Größe und Auswahl der Zielgruppe

Zur Durchführung einer Entspannungsstunde sollte eine Gruppenstärke von 8 bis maximal 10 Kindern gewählt werden. Dadurch soll erreicht werden, dass alle im Raum einen angemessenen Bewegungs- und Ruheraum einnehmen können. Diese Gruppengröße erleichtert es, unerwünschte Unruhe oder auch Leistungsvergleiche untereinander zu vermeiden.
Diese Art der pädagogischen Arbeit setzt sehr viel Freiwilligkeit und Vertrauen voraus. Daher ist es wichtig, nach dem Entstehen einer festen Gruppe, auf die Entscheidungen der Kinder für oder gegen dieses Angebot einzugehen.
Wichtig ist darauf zu achten, dass auch Kinder (eventuell später) miteinbezogen werden, für die das Angebot auf Grund ihres Verhaltens zu einer positiven Hilfe werden kann, obwohl sie der Übung vielleicht zunächst ablehnend gegenüberstehen.
Besonders Kindern mit aggressivem Verhalten wird darin eine Chance geboten, ihre Lebenssituationen hilfreich aufzufangen.
Sinnvoll ist es auch die Kinder bei den Vorbereitungen einzubeziehen und dadurch zu motivieren. Sie können angeregt werden benötigte Materialien wie Steine oder Ähnliches zur nächsten Entspannungsstunde mitzubringen. So fällt es ihnen leichter einen Bezug zu einer gemeinsamen Übung herzustellen.

Raum, Atmosphäre und Zeit

Der Raum sollte frei von Störungen sein und eine Abgrenzung vom sonstigen Gruppengeschehen darstellen. Es ist wichtig, dass der Raum nicht zu viele Reize bietet. So ist es sinnvoll Gegenstände abzudecken und lediglich den Mittelpunkt thematisch zu gestalten, so dass er eine freundliche und besinnliche Atmosphäre vermittelt. Je nach Inhalt der Traumstunde kann dies durch Naturmaterialien, Kerzen, Duftöle oder den Aufbau einer Szene mit Hilfe von Rhythmiktüchern oder Märchenwolle erfolgen.
Dieser gestaltete Mittelpunkt dient auch dazu, dass Kinder, welche die Augen lieber auflassen möchten, einen festen Punkt betrachten können und ihre Blicke nicht störend für andere Kinder umherschweifen.
Im Allgemeinen ist es besser nur wenig und v. a. für die Fantasie offenes Material zu verwenden. Denn wesentliche Ziele dieser Arbeit sind, dem ständigen „Konsum von Reizen“ entgegenzuwirken und die Vertrautheit des Kindes sich selbst zu erfahren.
Der Raum wird etwas abgedunkelt, wobei darauf zu achten ist, dass völlige Finsternis Angst verursacht und die Entspannung eher hemmt.
Im Raum soll jedem Kind eine Ruhematte oder ein Kissen zur Verfügung stehen. Eine Grundvoraussetzung ist natürlich auch eine angenehme Lufttemperatur.
Um den Kindern einen Rhythmus und eine Orientierung zu geben, sollten Traumstunden zu festgelegten Zeiten, etwa an bestimmten Wochentagen angeboten werden. Der genaue Zeitpunkt der Entspannungsstunde an diesem Tag wird am besten so ins Freispiel integriert, dass die Kinder aus ihrer momentanen Beschäftigung nicht herausgeholt werden, und dass sie für eine Dauer von 30-40 Minuten noch konzentrationsfähig sind.

Regeln und Rituale

Um den Kindern eine Orientierung und Sicherheit für das Neue zu geben, müssen anfangs einige Regeln besprochen und vor den Übungen wiederholt werden.
Die wichtigsten Regeln, die zusammen mit der Gruppe erarbeitet werden, könnten in etwa wie folgt aussehen:

- ❏ Die Teilnahme ist stets freiwillig. Wer sich dafür entscheidet, muss allerdings bis zum Schluss dabei bleiben.
- ❏ Wer der Geschichte nicht mehr folgen kann, darf sich leise hinsetzen.
- ❏ Während der Entspannung darf nicht geredet werden, um andere nicht zu stören.
- ❏ Alle sind so lange ruhig, bis jedes Kind wieder sitzt.
- ❏ Wer nach der Entspannung den anderen etwas mitteilen möchte, nimmt den Erzählstein in die Hand.

Eigene Vorbereitung

- ❏ Die Fantasiereise, die mit den Kindern durchgeführt werden soll, zunächst auf Tonband sprechen. Beim Abhören des Bandes selbst versuchen zu entspannen. Hierdurch werden Sprache und Stimme bewusst wahrgenommen.
- ❏ Die Stimme sollte ruhig und eher monoton sein. Hierbei ist es wichtig, fließende Übergänge wie „und", „während" usw. zu wählen, da auch die Entspannung fließend ist.
- ❏ Die Sprache darf nicht wertend sein und soll den Kindern die Wahl der Empfindungen lassen, z. B. „... vielleicht wirst du merken, dass dein Arm zieht oder schwer wird." So wird ein Leistungsanspruch des Kindes an sich selbst während der Übung vermieden. Dies würde sich negativ auf die Entspannung auswirken.
- ❏ Die Geschichte sollte am besten frei erzählt werden, um auf die entsprechende Gruppensituation angemessen reagieren zu können.
- ❏ Die ausgewählte Musik zunächst selbst mit geschlossenen Augen anhören und überprüfen, ob diese nicht bedrohlich wirkt. Auch ist es besser nicht ständig Musik einzuspielen, sondern lediglich an einem geeigneten Geschichteneinschnitt oder am Schluss zum Weiterträumen; sie könnte sonst zu sehr „berieseln".
  Die ausgewählte Musik ist stets meditativ, d. h., der Rhythmus ist langsamer als die Herzfrequenz, dies wirkt sich beruhigend auf den Organismus aus.

Hinweise und Beschreibung der Entspannungshaltungen

Am besten bildet die Gruppe einen Kreis, da hier niemand ausgeschlossen ist und sich alle gleich nah fühlen, aber dennoch für sich sind.

Haltungen sind nur Empfehlungen. Sie sollen keineswegs vom Kind strikt gefordert werden. Mit einer bestimmten Haltung soll lediglich Entspannung und das Einlassen auf Stille erleichtert werden. Wird sie aufgezwungen, kann das mehr schaden als nutzen. Vor allem das Schließen der Augen

macht Kindern anfangs Probleme. Einige Kinder können dann Angst bekommen, andere sind einfach zu neugierig auf die Situation und wollen zwischendurch sehen, was die anderen tun.

❑ Im Liegen lässt sich die Entspannung am besten erlernen. Geübt wird in Rückenlage, da in dieser Haltung Arme und Beine systematisch liegen und nicht abgedrückt werden. In abgedrückten Gliedmaßen ist die Durchblutung schlecht, so dass die Gefühle der Wahrnehmungen nur schwer herzustellen sind. Die Arme liegen leicht angewinkelt neben dem Körper, die Beine sind etwas abgespreizt. Zur Seite fallende Fußspitzen sind ein gutes Zeichen für Entspannung.

❑ Beim angelehnten Sitzen ruhen die Unterarme auf den Oberschenkeln, wobei die Fingerspitzen nach unten hängen, damit die Durchblutung von Händen und Füßen erleichtert wird. Die Arme überkreuzen oder berühren sich nicht. Die Beine sind etwas gespreizt, die Fußsohlen berühren mit der ganzen Fläche den Boden.
Für beide Entspannungshaltungen ist es günstig, die Schuhe auszuziehen und bequeme Kleidung zu tragen.

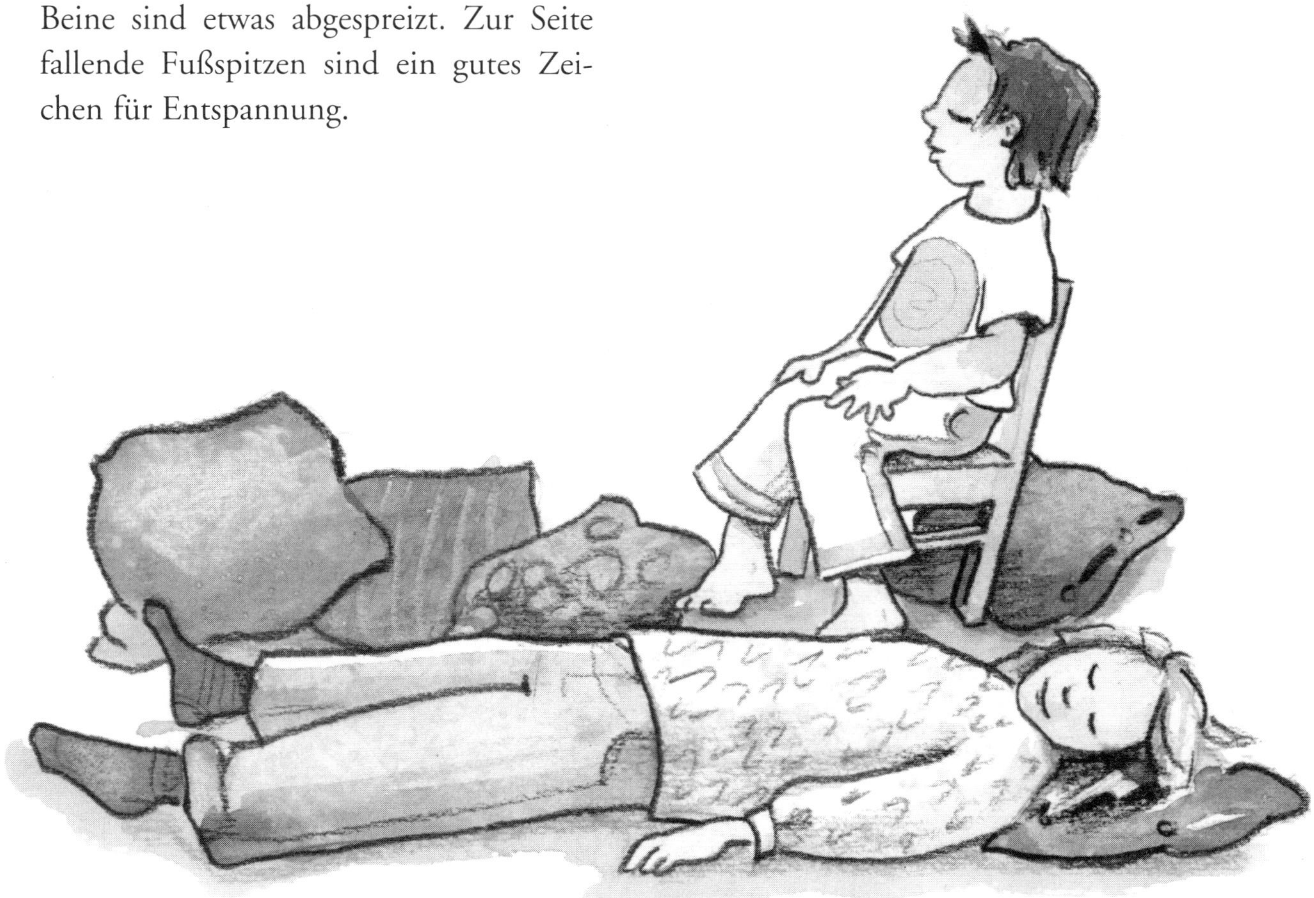

Einführung der Kinder in das Thema über Sinnesübungen

Bevor mit den eigentlichen Entspannungsübungen begonnen wird, sollten die Kinder spielerisch über Sinnesübungen eingestimmt werden.
Spiele und Übungen zur Sinneswahrnehmung sind unter der Bezeichnung Kimspiele bekannt geworden, die indischen Ursprungs sind und eine bessere Konzentration und Wahrnehmung lehren. Nur wenn die Kinder zuerst außen fühlen, riechen, schmecken, sehen und hören können, werden sie ganz bei sich ankommen.

Wird mit den verschiedenen Sinnen gearbeitet, nimmt die Erlebnisfähigkeit und Erlebnistiefe zu. Über diese Form der Einführung kann dem Kind eine positive Qualität von Stille vermittelt werden, da es durch diese ein angenehmes Gefühl erlebt.
Die im Folgenden vorgeschlagenen Stille- und Sinnesübungen können noch beliebig erweitert werden. Wichtig ist es hierbei zu beobachten, ob und wie lange die Kinder sich auf solche Art der Erfahrungen einlassen können.

Offenes Fenster

Material: Malpapier, Malstifte, Erzählstein
Alter: ab 3-4 Jahre

Die Gruppe sitzt im Halbkreis vor einem geöffneten Fenster, am besten zu einem Garten hin.
Alle Kinder schließen die Augen und sprechen nicht. Sie erhalten die Aufgabe, so viele Geräusche wie möglich von draußen zu hören und sich zu merken.
Spätestens, wenn die ersten Kinder unruhig werden, wird die Übung beendet.

Die Kinder malen jeweils das, was sie gehört haben, auf einen Bogen Papier. Anschließend können sie sich in der Gruppe über das Gehörte austauschen.

Ein Ton verklingt

Material: 1 Triangel oder
1 Gong oder 1 Metallofon
Alter: ab 3-4 Jahre

Die Kinder sitzen im Kreis und schließen ihre Augen.
Das Instrument wird angeschlagen. Die Kinder hören auf den Klang. Wenn sie meinen, dass der Ton vollkommen verklungen ist, heben sie einen Arm.

Wellen schauen

Material: 1 Schüssel mit Wasser, evtl. 1 Handtuch, 1 kleiner Stein für jedes Kind
Alter: ab 3 Jahre

Eine halb mit Wasser gefüllte Schüssel steht in der Mitte. Die Kinder stehen im Kreis um die Schüssel und erhalten jeweils einen Stein. Das erste Kind lässt seinen Stein aus geringer Höhe in das Wasser fallen, ohne dass es spritzt. Die Kinder beobachten die Wellen. Ist die Oberfläche wieder glatt, darf das nächste Kind den Vorgang wiederholen.

Das ruhige Licht

Material: 1 große Kerze, 1 Teelicht, 1 Glas für jedes Kind
Alter: ab 4 Jahre

Die Kinder stehen im Kreis und halten jeweils ein Teelicht in einem Glas in der Hand. Nacheinander werden die Teelichter angezündet.
Sobald die Kerze eines Kindes leuchtet, setzt es sich leise und stellt die Kerze vor sich auf den Boden.

Wenn alle Lichter brennen, beobachten die Kinder kurz, ob ihr Licht sich ruhig oder flackernd bewegt und wie die Lichter der anderen leuchten.

Pappdeckel auflegen

Material: pro Paar 8 - 10 Pappdeckel, evtl. ruhige Musik
Alter: ab 4 Jahre

Die Kinder gehen paarweise zusammen. Ein Kind nimmt die Rückenlage ein. Das andere kniet sich davor und verteilt behutsam die Deckel auf dem Partnerkind.
Dieses soll so ruhig liegen, dass kein Deckel herunterfallen kann.

Sind alle Deckel verteilt und einige Zeit liegen geblieben, tauschen die beiden die Rollen.

Zaubersack

Material: Malpapier, Malstifte, 1 Stoffbeutel mit Alltagsmaterialien aus dem (Kindergarten-) Raum
Alter: ab 3 Jahre

Die Kinder sitzen im Kreis und schließen die Augen. Nacheinander greift jedes Kind in den Zaubersack und befühlt die einzelnen Gegenstände. Die Kinder erraten leise für sich welche Dinge im Zaubersack verborgen sind und malen sie anschließend auf.

Sinnesspielgeschichten mit Wechsel zwischen Bewegung und Ruhe

Als weiteren Schritt und zur Vorbereitung längerer Stilleerfahrungen können nach der Einstimmung mit Sinnesübungen nun aufbauend die Sinnesspielgeschichten eingeführt werden. Hierbei ist es sinnvoll Elemente aufzunehmen, denen das Kind auch später wieder in den Fantasiereisen begegnet.

Der Ausflug ins Traumland

Material: 1 Ruhematte für jedes Kind, 1 Triangel, 1 Tonband mit Naturgeräuschen, Seil, Luftballons, Fliesen, Holz-, Korkplatten, Watte, Naturmaterialien
Alter: ab 4 Jahre

Die Zielsetzung dieses Angebotes besteht darin, dass die Kinder in einem spielerischen Umfeld Ruheerfahrungen machen können, ohne dass sie aufgefordert werden müssen ruhig zu sein.
Kurze Stille-Elemente wurden bei den verschiedenen Sinnesübungen eingebaut, sind aber stets mit einem Erleben verbunden.
Dies soll dazu führen, dass das Kind Freude daran gewinnt, sich auf etwas Leises einzulassen, und somit für spätere Angebote bereit ist dabei zu sein.
Das Kind bekommt hier noch viele Orientierungspunkte für seine Fantasie. In den weiteren Angeboten werden diese immer weniger, so dass das Kind mehr und mehr über seine eigenen Bilder und Vorstellungen entspannen lernt und sich dabei wohl fühlt.
In dieser Spielgeschichte bilden die Bewegungsphasen den größeren Anteil. Sie werden immer wieder mit ruhigeren Spielen abgewechselt.

Das Kind nimmt so über Körpererfahrung seine unterschiedlichen Körperreaktionen differenziert wahr. Es ist ein Wechselspiel zwischen Aktivität und Passivität. Die ruhigen Teile dieser Einheit sind an das natürliche Bedürfnis gebunden sich auszuruhen, sich zu entspannen, wenn etwas geleistet wurde. Diese Zielsetzung baut darauf auf, dass das Kind seinem Körpergefühl folgen kann, ohne dass es - entgegen seinem Bewegungsdrang - aufgefordert wird, still zu sein. So kann das Kind eine positive Verbindung zur Ruhe herstellen.

Stellt euch einmal vor, an was für einem tollen Ort ich gewesen bin! Ich war im Traumland. Dort gibt es tolle Zauberblumen in den schönsten Farben. Ihr habt noch nie etwas vom Traumland gehört? Dann wird es aber Zeit, dass ihr es heute kennen lernt. Zieht eure Schuhe an!
pantomimisch Schuhe anziehen

Jetzt kann es losgehen
Haustür öffnen, hinausgehen, Türe schließen

Oh, der Wind pfeift aber heute laut!
wie der Wind heulen und pfeifen

Aber wir müssen trotzdem los, sonst fährt der Traumlandzug noch ohne uns ab.
schnell gehen

Endlich sind wir am Bahnhof. Der Zug wartet schon! Alles einsteigen!
hintereinander aufstellen, die Hände auf die Schultern des vorderen Kindes legen und so eine Zugkette bilden

Der Zug fährt langsam an.
langsam vorwärts gehen

Er wird schneller und schneller.
schneller werden

Die Bremsen quietschen und der Zug hält.
laut quietschen und stehen bleiben

„Alle Kinder, die heute ins Traumland wollen, müssen nun aussteigen!", ruft der Schaffner.
Die Zugkette löst sich auf

So meine Traumkinder, den letzten Weg müssen wir durch den Zauberwald gehen.
langsam los laufen

Hört ihr den Specht klopfen?
an die Wand klopfen

Hier liegen aber viele Baumstämme herum! Kommt, wir balancieren darüber.
auf einem am Boden liegenden Seil gehen

Und da hinten geht es den steilen Weg hinauf - der ist so schmal, ich glaube, das wird anstrengend
auf allen Vieren den steilen Weg hinaufklettern

Endlich oben! Hurra!
hüpfen und springen, sich freuen

Nun müssen wir zu der Hecke dort drüben. Da gibt es einen schmalen Durchgang, durch den wir kriechen können.
Loch suchen, sich umsehen, krabbeln

Ja, da ist das Traumland! Puh, jetzt sind wir aber müde. Kommt, legt euch auf die Wiese.
Matte nehmen und hinlegen

Es ist sinnvoll diese Ruhematten auch bei weiteren Angeboten, z. B. bei Fantasiereisen einzusetzen. So lernen die Kinder erste Elemente kennen, denen sie immer wieder begegnen werden. Spielerisch kann hier gleich eine Entspannungshaltung, die Liegehaltung, eingeführt werden.

Nachdem die Kinder die Entspannungshaltung eingenommen haben, schließen sie beim ersten Anschlagen der Triangel die Augen und hören einem Tonband mit selbst aufgenommenen Klängen der Natur zu: (Vogelstimmen, Regen, Blätterrauschen, Wind- und Gewittergeräusche).
Beim zweiten Anklang der Triangel öffnen sie wieder die Augen und tauschen sich darüber aus, welche Geräusche sie im Zauberland gehört haben.

Dieses erste Spiel mit Sinnesübungen spricht das Ohr an.
Die Aufmerksamkeit der Kinder soll während der kurzen Ruhephase eine Richtung bekommen. Das Kind erhält eine Aufgabe – eine Alternative – und kann so leichter der Aufforderung folgen, in diesem Augenblick etwas nicht zu tun, beispielsweise zu reden oder herumzutollen.
Das Schließen der Augen ist sinnvoll, da die Kinder nicht so leicht abgelenkt werden und sich „blind" besser auf Geräusche oder Töne konzentrieren können.

Das Spiel geht weiter.
Habt ihr das Vogelgezwitscher gehört? Lasst uns nachsehen, woher all die schönen Vogelstimmen kamen!
Seht da vorne die bunte Blumenwiese.

Viele Luftballons (pro Farbe mind. ein Ballon für jedes Kind) in verschiedenen Farben (rot, grün, blau, gelb) sind auf dem Boden verteilt.

Seid vorsichtig und tretet nicht auf die Blumen.

Die Kinder gehen im Raum umher, ohne auf die Ballons zu treten.

Jetzt pflücken wir uns einen Blumenstrauß mit roten (blauen...) Blumen.

Die Erzieherin ruft eine Farbe. Die Kinder suchen sich einen entsprechenden Ballon. Haben alle eine Blume gefunden, werden die Ballons wieder auf die Wiese zurück gelegt, und alle wandern weiter, bis eine neue Farbe gerufen wird. Dann heißt es wieder schnellstens die passende Blume zu finden.

Dieses Spiel fördert vor allem die Konzentrations- und Reaktionsfähigkeit.
Die Kinder haben hier die Möglichkeit, nach der kurzen Entspannungsphase wieder aktiv zu werden, jedoch etwas ruhiger als in der Eingangsphase. So können sie sich etwas leichter auf das nächste Spiel einlassen, das vor allem den Tastsinn der Füße anspricht.

Von der Wiese führt ein Weg tief ins Traumland. Macht mit mir einen Spaziergang, schließt die Augen und folgt mir auf dem Weg.

Ein Tastweg aus Teppichbodenstücken, Fliesen, Holz-, Korkplatten und Watte... wird ausgelegt. Die Kinder empfinden mit den Füßen nach, wie sich die einzelnen Abschnitte anfühlen.

Seid ihr auch auf Wolken gegangen? Waren einige Wegstücke kälter oder wärmer als andere, weicher, rauer...

Die Gruppe tauscht untereinander ihre Eindrücke aus.

Hier an diesem Platz liegen so viele Dinge, die hat bestimmt jemand vergessen.

Die Kinder bilden einen Kreis. In der Mitte liegen Kieselsteine, Tannenzapfen, eine Kerze, ein Zweig, ein Blatt, Gras und eine Blume.

Betrachtet alle Gegenstände genau und redet dabei nicht. Sucht euch jeweils zwei Dinge aus und erfindet dazu eine kleine Geschichte in der diese Gegenstände vorkommen, aber nicht mit Namen genannt werden.

Die Kinder erzählen nacheinander - zeitlich begrenzt - ihre Geschichte. Erst am Schluss raten die anderen, welche zwei Gegenstände aus der Kreismitte für die Erzählung verwendet wurden.

Dieses Spiel der Sinnesübung beschäftigt sich mit dem Sehen.
Dabei geht es nicht nur um das genaue Betrachten äußerer Merkmale. Vielmehr lernt das Kind Dinge mit seiner Fantasie, seinem Erleben und seinen inneren Bildern zu verbinden.

Der Abschluss unseres Ausflugs ins Traumland endet wieder auf der Wiese. Nehmt euch eine Blume (Luftballon) und legt euch hin.

In Rückenlage auf die Matten legen. Jedes Kind bekommt einen Luftballon, den es sich auf den Bauch legt und mit beiden Händen fest hält.

Schließt die Augen und stellt euch vor, dass der Luftballon euch von der Zauberwiese zurück in den Kindergarten (in die Schule, nach Hause...) trägt und träumt euch mit der Musik wieder dorthin.

leise Musik einspielen

Öffnet die Augen und seht euch um. Euren Luftballon dürft ihr behalten.

Kurze gegenstandsbezogene Imaginationsübungen

Die Kinder hatten - über die vorausgegangenen Aktivitäten - die Möglichkeit, Stille als positive Qualität zu erfahren und Gegenstände sinnlich wahrzunehmen.
Die folgende gegenstandsbezogene Imaginationsübung geht nun noch einen Schritt weiter und leitet die eigentlichen Entspannungsübungen ein.

Die Kinder bilden einen Kreis, dessen Mitte zum Thema passend gestaltet wurde. Was hierzu in die Mitte genommen wird, kann vielerlei Gestalt haben. Es können Geschenke der Natur sein, wie im folgenden Abschnitt exemplarisch der Apfel.
Für kurze Zeit schlüpfen die Kinder bei diesen Übungen gedanklich und körperlich in eine andere Rolle, mit der Zielsetzung sich mit etwas anderem zu identifizieren. Am einfachsten geschieht dies über nachahmende körperliche Bewegungen. Durch solche Erfahrungen kann ein neues Verständnis von einer Sache gewonnen werden.
Mit passender Musik wird der Identifizierungsprozess bei der Übung unterstützt.
Während eine Geschichte zu leiser Musik vorgelesen wird, ahmen die Kinder im Raum verteilt den Vorgang mit körperlichen Bewegungen nach.
Diese Art der Stille- und Entspannungsübung entspricht der kindlichen Lernfähigkeit, da die Vorstellung an etwas, das sichtbar ist, gebunden werden kann. Des Weiteren hat das Kind die Möglichkeit, über die Haltung und die Bewegung, sich seinen eigenen Gefühlen zu nähern.

Der Apfel

Material: Musik, 1 Apfel, 1 Reifen, 1 Apfelkern pro Kind, braunes, grünes, rotes Tuch, kleine Äste
Alter: ab 4 Jahre

Bei der folgenden Übung werden die Kinder über einen Reifen, der in der Mitte des Raumes liegt, eingestimmt.

Die Kinder lassen am Boden liegend den Reifen durch die Hände gleiten. Dadurch sammeln sich die Kinder und werden ruhiger. Gleichzeitig erfolgt die Gruppenformierung im Tun.
Die Kinder legen den Innenraum des Reifens mit einem braunen Tuch aus. Mit der Frage, an was die Form und Farbe des entstandenen Bildes erinnert, werden sie zum symbolhaften Denken angeregt und können sich ihren eigenen „Baumstamm“ in der Fantasie vorstellen.

Ein Körbchen, in dem ein mit einem Tuch bedeckter, roter Apfel liegt, wird in die Mitte des Kreises gestellt. Nacheinander fassen die Kinder in das Körbchen und erfühlen und ertasten den Inhalt, ohne den anderen zu verraten, was sie entdeckt haben.
So nehmen die Kinder eine Beziehung zu dem Gegenstand auf. Sie lernen nebenbei, auch einmal etwas für sich zu behalten.

Die Kinder bilden mit den Händen eine Schale und schließen die Augen. Der Apfel wird einem Kind in die Hand gegeben, das öffnet die Augen und gibt den Apfel in gleicher Weise dem nächsten Kind weiter, bis alle den Apfel einmal in der Hand hatten.

Bei diesem Prozess des Empfangens und Weiterschenkens müssen die Kinder aufeinander sehen, hören und warten.

Die Kinder lassen die Hände als Schale und bekommen einen Apfelkern hinein gelegt. Sie fühlen, wie leicht dieser ist.
Dieses Nachfühlen leitet zu einer Imaginationsübung über.

Beim Anklang des Glockenspiels schließen die Kinder die Augen. Sie werden angeregt sich vorzustellen, wohin sie ihren Kern legen, was mit ihm geschieht bis aus ihm ein Apfel wird und was aus diesem Apfel alles werden kann.
So werden die kindliche Vorstellungskraft und Empathie geweckt.

Beim zweiten Erklingen des Glockenspiels öffnen die Kinder die Augen wieder und erzählen, was sie geträumt haben.

Im darauf folgenden Identifikationsspiel werden Anschauungen verinnerlicht, differenzierte Wachstums- und Veränderungsprozesse werden leibhaft und persönlich erfahren.

Hierzu wird ein Kreis formiert.
Die Erzieherin erzählt und regt die Kinder zu begleitenden Bewegungen an, indem sie diese zunächst vor macht, damit die Kinder eine visuelle Orientierung und Sicherheit bekommen:

Apfelkerne liegen winzig klein in der Erde.

Wir knien uns hin, beugen den Oberkörper nach vorne und schließen uns mit den Armen ein.

Es dauert lange Zeit - dann wächst aus jedem Kern ein kleiner Trieb.

Unsere Arme strecken sich nach vorne.

Aus dem Trieb wird ein junger Baum.

Wir knien uns hin, der Oberkörper ist gerade.

Es wächst ein Stamm.

Wir stellen uns hin.

Jedes Jahr wird er breiter - größer - fester.

Wir fassen uns an den Händen.

In der Erde wachsen Wurzeln. So wird der Baum, der Stamm gehalten.

Spreizt eure Beine bis ihr mit euren Füßen an die Füße eurer NachbarInnen stoßt.

Oben wachsen die Äste.

Streckt eure Arme ganz hoch.

Im Frühling wachsen an den Ästen und Zweigen Blätter - Knospen - Blüten. Sie öffnen sich. Rosafarben sind die Blüten. Sie sehen aus wie kleine Blumen.

Schließt eure Hände zur Faust, öffnet sie langsam und bewegt eure Finger.

Aus der Blüte wächst eine Frucht, der Apfel. Er ist rund. Er wird größer und schwerer.

Nehmt die Arme vor den Bauch.

Sind die Äpfel reif, dann werden sie geschüttelt. Sie fallen ab.

Nacheinander werdet ihr „geschüttelt“. Lasst euch wie die Äpfel - nur etwas sanfter - zu Boden „fallen“.

Die Äpfel werden eingesammelt.

Wer berührt wurde setzt sich wieder in den Kreis.

Abschluss

Zum Abschluss dieser Übung legen die Kinder bei ruhiger Musik einen Baum:
Hierzu wird ein großes grünes Tuch in die Mitte gelegt. Mit vorher gesammelten Ästen gestalten die Kinder dann gemeinsam den Baum und schmücken diesen mit Äpfeln aus roten Stoffresten.

Ist der Apfelbaum mit den reifen Früchten fertig, ist es ein schönes Erlebnis, sich gemeinsam einen Apfel zu teilen. Durch das Nachempfinden seines Wachstums werden die Kinder seinen Geschmack intensiver wahrnehmen können als sonst.

Vom Samenkorn zur Blume

Material: 1 Pflanze, 1 gelbes Tuch und eine Kerze, 1 braunes Tuch und Erde, 1 blaues Tuch und Wasser, 1 Samenkorn für jedes Kind, 1 Blumentopf mit Erde für jedes Kind, 1 Triangel
Alter: ab 4 Jahre

Die Kinder sitzen im Schneidersitz im Sonnenkreis.
Die Erzieherin erklärt ihnen, dass sie bald ein kostbares Geschenk bekommen werden.

Bildet mit euren Händen eine Schale und schließt eure Augen, sobald ihr die Triangel hört.

Beim ersten Anschlagen der Triangel erhält jedes Kind ein Samenkorn.

Befühlt das Geschenk und überlegt für euch, was ihr in den Händen haltet. Hört ihr erneut die Triangel, öffnet ihr die Augen wieder.

Die Triangel wird nach einer kurzen Pause erneut angeschlagen.

Die Kinder öffnen die Augen und befühlen und betrachten das Korn. Sie erhalten die Möglichkeit sich dazu zu äußern, was aus diesem Korn werden kann.
Währenddessen wird der Mittelpunkt symbolisch gestaltet:
Ein braunes Tuch wird ausgebreitet und stellt die Erde dar. Das gelbe Tuch wird als Sonne dazu gelegt und das blaue Tuch als Wasser.
Die Kinder legen ihr Korn auf die Erde (braunes Tuch).
Eine Topfpflanze wird in den Mittelpunkt gestellt und anschließend still von einem Kind zum anderen weiter gegeben. Die Kinder befühlen und beriechen die Pflanze.
So erfahren sie über das Betrachten, Befühlen und Riechen die Pflanze ganzheitlich über mehrere Sinne gleichzeitig. Dies kommt dem kindlichen Lernen entgegen.

Im nächsten Teil dieser Übung fühlen sich die Kinder in das Leben einer Blume ein und zwar in einer aktiven Form:

Das kleine Samenkorn schläft in der Erde.

Die Kinder liegen auf den Rücken. Beide Beine sind angewinkelt und mit den Händen ziehen sie die Beine fest an den Bauch. Der Kopf ruht auf dem Boden.

Es wird wach.
Es bewegt sich hin und her.

Mit den Händen die Knie umfassen und die Oberschenkel fest an den Bauch ziehen. Sanft und rhythmisch von einer Seite auf die andere schaukeln.

Das Samenkorn bewegt sich vor und zurück.

In die Rückenlage zurückgehen, die Beine bleiben angewinkelt, die Hände umfassen die Knie und ziehen die Oberschenkel fest an den Bauch. Der Kopf wird angehoben und das Kinn zur Brust gezogen. Und nun mit Schwung vor und zurück schaukeln.

Als kleines Blümchen schaut es frech über die Erde.

Aus der Rückenschaukel hoch in den aufrechten Sitz kommen.

Es schaut sich um.

Den Kopf nach rechts und nach links drehen.

Es schaut auch nach oben und wieder nach unten.

Den Kopf heben und senken.

Das kleine Blümchen reckt seine Blätter der Sonne entgegen.

Die Beine ausstrecken. Die Arme in Schulterhöhe seitlich weit ausstrecken. Sich langsam nach rechts und dann nach links drehen.

Die Blume atmet.

Aufrecht und entspannt sitzen. Die Hände in Gebetshaltung vor die Brust halten. Beim Einatmen die Hände wie eine Blüte öffnen. - beim Ausatmen wieder schließen.

Es ist Abend. Alle Menschen und Pflanzen ruhen sich nun aus.

Sich auf den Rücken legen.

Schließt - wenn es euch möglich ist - die Augen und bleibt noch etwas ruhig liegen, bis der Ton der Triangel erklingt.

Nach einer kurzen Pause die Triangel anschlagen.

Abschluss

Zur Vertiefung des Erlebten erhalten die Kinder jeweils einen kleinen mit Erde gefüllten Blumentopf, in den sie ihr Samenkorn legen und mit etwas Erde bedecken. (Je nach Samenart kann auch in eine größere gemeinsame Schale gesät werden.)
Die Kinder werden in den folgenden Tagen – oder wenn sie die Blumentöpfe mit nach Hause nehmen – nochmals daran erinnert, was die Samen zum „Starkwerden“ benötigen.

Bewegung und Entspannung

Die weiteren Angebote sind überwiegend auf Körpererfahrungen aufgebaut. Es geht hierbei darum, den Körper und sich selbst in Ruhe und in jeder Bewegung als Einheit zu erfahren und sich intensiv zu spüren.
Die Übungen selbst sollen Freude an körperlicher Bewegung wecken, den Körper kräftigen und stabilisierend auf die Muskulatur wirken.
Die Bildhaftigkeit der Übungen, die in eine Geschichte eingebunden sind, kann die Konzentration und das Selbstwertgefühl erhöhen. Die einzelnen Übungen sind eingebettet in einen Wechsel zwischen spielerischen Elementen, konzentrativen Übungen, Entspannung und meditativen Anstößen. Diese Art der Arbeit vor den längeren Fantasiereisen ist deshalb sinnvoll, da die Kinder hier die Möglichkeit haben, einzelne Körperteile intensiv durch Bewegung zu spüren. So wird es ihnen später möglich, angesprochenen Körperempfindungen in den Fantasiereisen besser nachzuspüren.
Das Kind soll ein gutes, sicheres und reales Körpergefühl entwickeln. Diese frühe, sichere Körperwahrnehmung und Körperbeherrschung schafft Selbstsicherheit und Selbstvertrauen. Der Gleichgewichtssinn wird stabilisiert. Die Freude an Bewegung und die natürliche Lust am Lernen sind wesentliche Voraussetzungen für eine gesunde, körperliche, emotionale und geistige Entwicklung.

Ausflug in die Stadt

Material: Ruhematten, ruhige Musik
Alter: ab 5 Jahre

In diese Übungsreihe ist in eine Geschichte eingebettet, die von einem Ausflug in die Stadt erzählt. Als Einstieg erfahren die Kinder, dass heute ein besonderer Tag ist und alle gemeinsam einen Ausflug machen wollen:

Wir wachen schon früh auf und räkeln uns gründlich, damit wir munter werden. Hierzu dehnen und recken wir uns ausgiebig und klopfen uns von unten nach oben wach.

Diese Übung enthält Anteile der progressiven Muskelentspannung nach Jakobsen. Sie dient dazu die Durchblutung anzuregen, damit die Muskulatur warm wird.

Wir gehen los und laufen die Straße entlang. Überall sehen wir Häuser: große, kleine, spitze, eckige und flache. Wir staunen, wie viele verschiedene Häuser mit den unterschiedlichsten Dächern es gibt.

Mal sehen, ob wir diese Dächer mit unserem Körper nachbauen können.

1. Übung: Das Dach

Ein einfaches Dach nachzubilden ist ganz einfach. Stellt euch mit beiden Füßen gut auf den Boden und lasst den Kopf und den Oberkörper nach vorne sinken, bis die Hände den Boden berühren. Jetzt könnt ihr mit den Händen etwas nach vorne laufen und schon habt ihr ein Dach.

Schaut mal, was unter eurem Dach ist.

Kopf zur Brust

Könnt ihr noch andere Dächer bilden? Lasst dabei die Hände und Füße auf dem Boden.

Zeit für die Versuche lassen

Jetzt haben wir viele Dachformen gesehen. Lasst euch auf die Knie sinken und legt euch bequem hin.
Ruht ein wenig aus und stellt euch dabei vor, wie euer Lieblingshaus aussehen sollte.

Zeit lassen

Nach dieser Pause gehen wir wieder ein wenig weiter.
Wir kommen in einen Park, in dem es viele kleine Teiche und Bäche gibt. Die Wege führen über kleine und größere Brücken. Manche davon sind aus Holz, manche aus Stein, manche aus Eisen. Alle sind sie verschieden.

2. Übung: Die Brücke

Wenn ihr wie in der vorigen Übung ein Dach bildet und dieses Dach ganz lang streckt, den Rücken rund macht und den Kopf zwischen die Arme nehmt, so habt ihr schon eine Brücke.

Aber es gibt noch andere Brücken.

Legt euch einmal auf dem Boden ausgestreckt auf den Rücken. Spürt euch gut in den Boden ein.

Zieht die Beine heran und stellt sie vor dem Po auf.

Stützt euch gut mit den Füßen im Boden ab und hebt langsam euren Rücken.

Spürt, wie weit ihr die Brücke spannen könnt.

Legt den Rücken Wirbel für Wirbel wieder auf den Boden.

Wiederholt dies ein paar Mal.

Legt euch wieder ausgestreckt auf den Rücken, ruht euch aus und stellt euch dabei vor, ihr seid eine Brücke.

Welche Schiffe mögen unter euch durchfahren?

Schaut ihnen zu.

Zeit lassen

Wir verlassen den Park wieder und sehen hinter all den Häusern einen großen Turm. Da möchten wir hin. Von so einem großen Turm muss es einen herrlichen Ausblick rings über die Stadt geben. Wir gehen auf den Turm zu und entdecken, dass es in der Stadt nicht nur einen, sondern ganz viele Türme gibt.

3. Übung: Der Turm

Bleibt auf dem Rücken liegen, zieht die Beine heran und streckt sie hoch. Stützt euch mit den Händen in der Hüfte ab. Die Füße bleiben platt, das ist die Aussichtsplattform.
So sieht ein kleiner Turm aus.

in die Kerze gehen

Aber ein Aussichtsturm in der Stadt muss noch viel höher sein.
Lasst die Beine etwas hinter den Kopf sinken und stützt euch im Rippenbereich ab. Langsam wächst der Turm in den Himmel. Die Füße streifen die Wolken.
Atmet ruhig und lächelt zu euren Füßen hinauf.

Zeit lassen

Wir verlassen den Turm wieder: Füße und Beine sinken, der Rücken rollt sich zur Erde. Ihr spürt eurem Atem nach und seht noch ein wenig den Wolken zu, die am Himmel treiben.

Zeit lassen

Wir gehen weiter durch die Straßen. Nach ein paar Kurven und Ecken stehen wir endlich vor dem höchsten Turm der Stadt und kommen uns richtig klein vor.

Die Kinder stehen auf.

Wir müssen den Kopf in den Nacken legen, um die Spitze zu sehen. Ob wir da wohl hinaufkommen?
Wir gehen hinein. Oh, zum Glück gibt es da einen Fahrstuhl. Damit wollen wir ganz nach oben fahren.

4. Übung: Fahrstuhl

Wir stehen mit eng zusammengestellten Füßen fest auf dem Boden. Langsam heben wir die Arme über den Kopf und legen die Hände zusammen. Das ist unser Kabinendach.

Der Fahrstuhl fährt abwärts und kommt zu uns herunter. Wir gehen mit geschlossenen Knien in die Hocke, bis der Po fast den Boden berührt. Die Füße sollten dabei ganz auf dem Boden bleiben. Unsere Kraft kommt aus dem unteren Rücken, das Gleichgewicht balancieren wir durch die Verlagerung des unteren Rücken aus.

Alle einsteigen! Jetzt fährt der Fahrstuhl hoch. Wir drücken uns in den Boden ab und gehen hoch.

Oben angekommen ruhen wir uns einen Moment aus, aber weil Fahrstuhlfahren solchen Spaß macht, fahren wir, bevor wir aussteigen, noch ein paar Mal hoch und runter.

Das war ganz schön anstrengend. Immer rauf und runter – da müssen wir uns oben angekommen erst einmal etwas ausruhen, bis sich unser Herzschlag und Atem wieder beruhigt haben. Wir schauen uns dabei zu und spüren wie wieder Ruhe in unseren Körper einkehrt.

Endlich steigen wir aus! Jetzt sind wir aber neugierig, was wir von hier oben alles sehen können. Die Aussichtsplatte dreht sich, so dass wir von unserem Platz aus über die ganze Stadt sehen können.

5. Übung: Drehsitz

Wir setzen uns hin, die Beine gerade ausgestreckt. Dann ziehen wir das rechte Bein heran und stellen den Fuß außen neben das andere Knie. Mit der rechten Hand fassen wir von innen an das rechte Fußgelenk und drehen uns über die linke Schulter nach hinten, die linke Hand stützt sich hinter dem Körper ab. Wie weit wir nach hinten sehen können!
Langsam drehen wir uns zurück, lassen das Bein wieder ausrutschen.
Nach einer kurzen Pause ziehen wir das linke Bein heran, stellen den Fuß außen neben das andere Knie und drehen uns über die rechte Schulter.
Konntet ihr rundum alles sehen? Welche Seite war leichter? Probiert es noch einmal aus.

Etwas Zeit lassen.

So jetzt haben wir alles gesehen. Legt euch wieder auf den Rücken und spürt der Bewegung nach. Was konntet ihr von eurem Turm aus alles sehen? Schließt die Augen und schaut noch einmal über die Stadt.

Unser Ausflug ist fast zu Ende. Weil er recht anstrengend war, machen wir uns auf den Heimweg. Damit wir nicht den ganzen Weg zurück laufen müssen, nehmen wir den Bus. Mit sanft schaukelnden Bewegungen rollt der Bus bis vor unsere Haustür.

6. Übung: Rückenschaukel

Wir liegen auf dem Rücken und ziehen die Füße heran, umfassen die Knie sanft mit unseren Händen. In weichen Bewegungen ziehen wir die Beine bis zur Brust heran und lassen die Arme wieder lang werden und die Beine zurücksinken. Wir lassen die Bewegung so weich wie ein rollendes Rad werden.
Zwischendurch, an den Haltestellen ruhen wir uns aus. Dann machen wir die Übung noch einmal mit Schwung. Wir schaukeln auf dem Rücken vor und zurück, bis wir zum Sitzen kommen.

Zuhause angekommen legen wir uns müde auf das Bett, wir schließen die Augen und träumen von unserem Ausflug in die Stadt.

Den Traum mit der folgenden Geschichte begleiten:

Du stehst wieder auf dem hohen Turm und schaust zur Stadt hinunter. Die Stadt ist ganz verwandelt.
Auf den Dächern liegt Schnee. Du schaust umher und suchst den kleinen Park mit den vielen Brücken. Er sieht aus wie ein kleiner weißer Fleck inmitten der Stadt. Die Teiche sind zugefroren. Die Enten rutschen übers Eis. Du schaust noch eine Weile vom Turm aus über die Stadt und siehst dem Treiben der Schneeflocken zu.

Ruhige Musik einblenden. Etwas Zeit lassen.

Dann nimmst du den Fahrstuhl, der dich ganz langsam wieder (in den Kindergarten/nach Hause) zurückbringt.
Du fühlst dich wohl und entspannt.

Der kleine Bär

Mit dieser Geschichte wird den Kindern der kleine Bär vorgestellt, der sie auch künftig in ihren „Traumstunden" begleiten wird.
Es kann auch durchaus ein anderes Stofftier ausgewählt werden – nur sollten/müssen dann die Geschichten thematisch angepasst werden.

Material: 1 Matte pro Kind, Malutensilien, Musik, 1 Stoffbär, evtl. 1 gelbes Tuch
Alter: ab 4 Jahre

Die Kinder erfahren was der kleine Bär den ganzen Tag so macht und begleiten dies durch Bewegungen:

Der kleine Bär schläft.
Sich im Fersensitz zusammen rollen, die Stirn berührt den Boden

Der kleine Bär wird wach.
Kopf heben, nach vorn, rechts und links schauen; dann in den Vierfüßlerstand gehen

Der Bär reckt und streckt sich, zuerst die rechte, dann die linke Pfote, dann das rechte und das linke Bein.
Entsprechende Bewegung mit Armen und Beinen

Der Bär schlabbert Wasser aus dem Fluss.
Im Vierfüßlerstand bleiben und nachahmend Wasser trinken

Der Bär wäscht sich – zuerst die rechte und linke Schulter, dann das rechte und linke Bein.
Mit den Händen über die entsprechenden Körperteile streichen

Der kleine Bär fühlt sich etwas hungrig.
In den Fersensitz gehen und den Bauch massieren

Darum geht der kleine Bär etwas im Wald spazieren und pflückt ein paar Beeren für sein Bärenfrühstück.
Die Kinder gehen stampfend durch den Raum und gehen ab und zu in die Hocke, um die leckeren Beeren zu pflücken

Schließlich geht er zu seiner Höhle zurück und ruht sich aus.
Die Kinder legen sich auf den Rücken.

Nach einer Weile schließt der kleine Bär die Augen und brummt ganz leise vor sich hin:
"Ich bin ganz leis und still, weil ich in das Traumland will."
Die Kinder wiederholen diese Traumformel, sie werden langsam ruhig und schließen die Augen, wenn es ihnen möglich ist.

Es dauert gar nicht lange, da ist der kleine Bär ganz ruhig geworden und erlebt einen wunderbaren Traum.

Wenn die Kinder noch dazu bereit sind, beginnt an dieser Stelle eine kurze Fantasiereise, ansonsten ertönt nur etwas leise Musik im Hintergrund und die Kinder bleiben noch einen kurzen Moment liegen.

Fantasiereise zur Sonne

Der kleine Bär liegt auf seiner Zauberwiese. Er träumt davon einen Spaziergang zur Sonne zu machen und lädt dich ein. Du freust dich und entschließt dich mitzuträumen, die Sonne hast du schließlich noch nie besucht.
In Gedanken folgst du dem kleinen Bären auf seiner Traumreise.
Der kleine Bär trottet ein Stück die Wiese entlang. Es geht ein bisschen bergauf. Gemeinsam schlendert ihr über die Zauberwiese mit den herrlichen Blumen, die so süß riechen.
Auf der Wiese ist es ganz still, du wirst ganz ruhig.
Ganz oben über der Wiese lächelt euch die Sonne zu, sie winkt euch mit einem ihrer Strahlen.
Und tatsächlich da schickt euch die Sonne einen wunderschönen Sonnenstrahl auf die Zauberwiese hinunter.
Der Sonnenstrahl wächst und wächst, bis er schließlich die Wiese erreicht.
Der kleine Bär marschiert auf dem breiten Sonnenstrahl voraus. Nun bist du an der Reihe. Doch da du schon ganz müde bist, nimmt dich der kleine Bär auf seine Schultern und trägt dich hinauf bis zur Frau Sonne. Sie sieht wunderschön aus und hat eine Stimme wie Musik.

Meditative, hellklingende Musik einblenden

Ihr schaut euch die Welt von da oben an. Es sieht alles sehr winzig und lustig aus. Sogar den Kindergarten (die Schule, dein Zuhause) kannst du erblicken - so klein wie ein Spielzeughaus.
Nach einer Weile begleitet euch Frau Sonne wieder zu dem Sonnenstrahl, denn es ist schon spät. Hier oben ist die Zeit viel zu schnell vergangen, denkst du. Und als hätte Frau Sonne deine Gedanken lesen können, sagt sie: „Wenn du willst, kannst du mich mal wieder besuchen. Du kennst ja jetzt den Weg."

Frau Sonne umarmt euch zum Abschied und wünscht euch eine gute Heimreise. Dann setzt ihr euch auf den Sonnenstrahl und rutscht gemeinsam auf die Zauberwiese zurück. Unten angekommen, verabschiedest du dich von dem kleinen Bären.

Jedem Kind mit dem kleinen Bären über den Bauch oder das Gesicht streichen.

Öffne die Augen, spanne deine Arme und Beine an und setze dich leise hin.

Abschluss

Der kleine Bär wird nun in die Kreismitte auf ein gelbes Tuch gelegt.
Jedes Kind, das etwas über seinen Traum erzählen will, nimmt den Bären in die Arme, beschreibt seinen Traum und legt den Bären danach wieder zurück.

Der Bär übernimmt hier einmal die Aufgabe, einen Anreiz für alle Kinder darzustellen etwas zu erzählen, zum anderen kann er ganz leicht die Reihenfolge des Redens bestimmen, ohne dass ein Durcheinander entsteht.

Sind die Kinder noch aufnahmefähig, können sie vertiefend dazu angeregt werden das Erlebte noch aufzumalen.

Fantasiereisen/ Entspannungsgeschichten

Hat die Gruppe/das Kind sich auf die vorherigen Aktivitäten gut eingelassen, können jetzt die - zunächst kürzeren - Entspannungsgeschichten beginnen.
Damit die nötige geistige Sicherheit gewährleistet ist, wird den Kindern, die zum ersten Mal an einer Fantasiereise teilnehmen, eine Vorstellung davon gegeben, was sie bei dieser Art zu reisen erwartet.
Ihnen wird erklärt, dass eine Fantasiereise mit einem Traum vergleichbar ist. Mit dem Unterschied, dass bei der Fantasiereise eine andere Person (ErzieherIn/LehrerIn/Vater/ Mutter) eine – für alle gleiche – Geschichte beschreibt, die sich aber jedes Kind auf seine eigene Weise ausmalen kann.
Die Kinder erfahren, warum die Geschichte langsamer als sonst erzählt wird, und dass immer wieder Pausen gemacht werden, damit alle Zeit genug haben, sich ihre eigenen Vorstellungen von den beschriebenen Dingen zu machen, eigene Geschichten zu erleben. So ist es nachher auch möglich, dass alle etwas anderes auf ihrer Reise erleben und verschiedene Abenteuer zu erzählen haben.

Der Ausflug ins Traumland sollte jeweils zu einer bestimmten Zeit, an einem bestimmten Tag stattfinden. Hierzu können die Kinder nach der ersten Traumstunde ein „Traumlandschild“ gestalten, das morgens, am Tag der Fantasiereise im (Gruppen-)Raum angebracht wird, so dass die Kinder sich im Laufe des Tages dafür entscheiden können, ob sie heute mit auf die „Insel der Ruhe“ gehen möchten oder nicht.
Die Kinder, die sich freiwillig für dieses Angebot entscheiden, gehen gemeinsam in einen separaten Raum, ziehen die Schuhe aus und holen sich jeweils eine Ruhematte.

Aufbau einer Traumstunde

Am Anfang erweist sich ein gleich bleibendes Muster, mit sich in einer bestimmten Reihenfolge wiederholenden Elementen, als sinnvoll. Die Kinder werden spielerisch von einfachen zu schwierigen Übungen angeleitet.
Die Auswahl des Themas der Fantasiereise knüpft nach Möglichkeit an das jeweilige Gruppenobjekt, an Freispielbeobachtungen oder an jahreszeitliche Gegebenheiten an, so dass die Erlebniswelt der Kinder direkt einbezogen ist.
Auf dieser Basis erfolgt dann die Auswahl der zum Inhalt der Erzählung passenden Spiele und Bewegungen, die entweder die Eingangs- oder Abschlussphase begleiten.

Die gezielte Auswahl der zum Thema passenden Aktionen bewirkt, dass die Kinder die gesamte Traumstunde als eine Einheit erleben.
Die Reihenfolge der Erlebnisse, die den Kindern im Rahmen einer Traumstunde angeboten werden, sollte dadurch geprägt sein, dass immer ein Wechsel –vom Lauten zum Leisen, vom Bewegen zum Ruhen, vom Sich-Selbst-Wahrnehmen zum Gemeinschaftsbezug – stattfindet. Je nach Bedürfnis und bei zunehmender Übung soll der Teil der Anspannung und Bewegung verringert werden zugunsten einer längeren Entspannungsphase.

Bewegungsphase

Die einleitende Bewegungsphase gibt den Kindern die Möglichkeit bestehende Spannungen abzubauen. Sie dient gleichzeitig der Vorbereitung auf den Inhalt der Fantasiereise und vor allem auf die dort zu erlebenden Empfindungen.
Gerade bei diesen bewegungsintensiven Teilen ist es jedoch wichtig, die Kinder dabei spielerisch ruhiger werden zu lassen, so dass sie nicht völlig überhitzt und aufgedreht zur Entspannungsphase übergehen.
Die Bewegungsphase darf auf keinen Fall ein Austoben sein.
Eine Möglichkeit, den Kindern Bewegung in Ruhe anzubieten, ist beispielsweise sie zum Ende dieser Phase zu „verzaubern", so dass sie alles nur noch im Schneckentempo ausführen können.

Je nach Gruppensituation können jedoch auch thematische Sinnesübungen, die in Verbindung zur Mittelpunktgestaltung stehen, als Einstieg dienen.

Entspannungsphase

In den folgenden Fantasiereisen werden die Kinder zumeist von einem kleinen Teddybären begleitet, der als Hauptfigur in den Geschichten die Kinder von der Alltagswelt in die Fantasiewelt überleitet.
Dieser Bär macht auch die jeweiligen Entspannungshaltungen vor und regt die Kinder zur Nachahmung an.
In den Geschichten ist immer von dem „kleinen Bär" die Rede. Die Kinder können ihrem Bären jedoch auch einen Namen geben, der dann auch in den Geschichten aufgenommen werden kann.
Legt sich der kleine Bär auf sein Traumkissen, so kann dies nach einiger Zeit für die Kinder das lautlose Signal sein, ihre Ruhehaltung einzunehmen, da eine neue Traumreise beginnt.
Die Kinder legen sich mit den Füßen zur Kreismitte, damit sie beim Aufrichten des Körpers die anderen sehen können.

Die Fantasiereisen können mit einer – immer gleichen – Traumformel eingeleitet werden:
"Ich bin ganz leis und still, weil ich in das Traumland will!"
Diese Formel flüstern die Kinder dreimal

immer leiser werdend.
Danach erklingt im Hintergrund – immer die gleiche – Meditationsmusik, die den Kindern hilft ruhiger zu werden.

An dieser Stelle fordert die Erzieherin die Kinder auf – wenn es ihnen möglich ist – die Augen zu schließen. Sie legt jedem Kind einzeln zugewandt die Hand auf den Kopf auf. Die Kinder werden angeregt noch einmal nachzuspüren, ob sie bequem liegen.
Die Erzieherin leitet – immer mit der gleichen Formulierung – die Entspannung ein: *Steckt alles was euch stört in einen großen Luftballon. Lasst eure Gedanken mit der Musik ganz weit wegfliegen. ...*
Die Wiederholung dieser Entspannung in jeder Traumstunde, die immer gleiche Einführung vermittelt den Kindern Sicherheit und Vertrauen und erleichtert es ihnen zur Ruhe zu finden. Aus diesem Grund ist es empfehlenswert für diesen wichtigen Bestandteil der Übungsstunde immer dieselbe Hintergrundmusik auszuwählen. Die Musik wird leiser und schließlich klingt sie langsam aus, wenn alle Kinder ruhig geworden sind.
Im Laufe des Projekts benötigen die Kinder immer kürzere Zeit, um ihre Entspannungshaltung zu finden.
Bei eventueller Unruhe und Schwierigkeiten kann die Erzieherin über Körperkontakt zum unruhigen Kind eine Balance erreichen.

Die Bedeutung der Entspannungsphase liegt darin, dass auch die Kinder unterschiedliche seelische und körperliche Belastungen erleben, die sie verspannen lassen.
Die Entspannungsmöglichkeiten sind Kompensationsmöglichkeiten, welche die Kinder auf das Nachfolgende einstimmen.
Für den Wechsel von Anspannung und Entspannung muss ausreichend Zeit eingeräumt werden, damit die Kinder diesen Wechsel bewusst erleben.
Bei der Entspannung treten physiologische Veränderungen auf, es wird weniger Sauerstoff aufgenommen und weniger Kohlendioxid ausgeschieden. Die Muskelspannung lässt dadurch nach und das Vegetative Nervensystem verringert seine Aktivität. Danach ist der Prozess der Entspannung erreicht, der durch ein Loslassen aller Gefühle geprägt ist. Diese ruhige Anleitung wird durch die Musik und durch die gleichen Formulierungen unterstützt.

Atmungsphase

Der nachfolgende Teil der Traumstunde trägt dazu bei, dass die Kinder auch innerlich ruhig werden.
Hierzu erklärt die Erzieherin den Kindern, dass ihr Atem ganz von alleine ruhig ein- und ausgeht. Als symbolische Hilfestellung liegt auf dem Bauch der Kinder etwas, das mit der Fantasiereise in Verbindung steht. Dies können Papierschiffe, Blätter, Watte (Schneeflocken) oder Kuscheltiere sein. Dies hat den Anreiz, dass die Kinder absichtlich gleichmäßig atmen, damit nichts vom Bauch herunterfällt.

Die Bedeutung der Atmungsphase zeigt sich darin, dass die Kinder spielerisch natürliches, ruhiges Atmen lernen und den Atemvorgang bewusst ausüben. Durch das Wechselspiel Ein- und Ausatmen können sie sich leichter von Verspannungen lösen und werden bereit Neues aufzunehmen.
Durch die Bauchatmung werden die Bauchinnenorgane angeregt. Die Kinder finden zu der ursprünglich physiologischen Atmung zurück und werden dadurch ausgeglichener.
Die Erzieherin sollte den Kindern ausreichend Zeit geben, die Atemübungen durchzuführen. Dazu ist die vorausgegangene Entspannungsphase wichtig, da sie ein Teil des Lösens und der Muskellockerung ist.

Fantasiegeschichte

Im Anschluss an die Atmungsphase beginnt dann die ausgewählte Geschichte, deren Ausgangsort stets derselbe ist: Die Kinder treffen auf ihrer Zauberwiese ein. Dort wartet der kleine Bär auf sie, um sie auf ihrer neuen Reise oder ihrem fantastischen Abenteuer zu begleiten.
Diese vertrauten Formen sind wichtig, damit das Kind lernt, der Stille angstfrei zu begegnen und sie auszuhalten. Nur so kann es sich ihr öffnen. Die Bedeutung der Geschichte liegt darin, dass die Kinder zum Nachdenken und zur stillen Betrachtung angeregt werden. Aus diesem Grund erscheint es sinnvoll, dies an die Atemübung anzuschließen, da die Kinder hier schon gelockert und entspannt sind. Zur interessanten Überleitung können die Kinder den Gegenstand aus der Atemübung (z. B. das Schiff) in die Hand nehmen.
Wichtig ist es, dass beim Vorlesen die Ruheformeln wiederholt werden und auf eventuelle Äußerungen und Regungen der Kinder situativ eingegangen wird.
In Verbindung mit dem Ruheerlebnis wird den Kindern in der Geschichte Schwere, Wärme und der Atemrhythmus vermittelt.
Die Entspannungselemente stehen hier nicht isoliert, sondern sind zur Erleichterung des kindlichen Verständnisses in die Entspannungsgeschichten eingebettet.
Die verschiedenen Erlebnisformen Ruhe, Schwere, Wärme und Atmung werden in Abständen von mehreren Wochen in die Geschichten eingebaut. Beginnend mit der Ruhe und Schwere ist es günstig, dies auch mit in die Hinführung zur Traumstunde einklingen zu lassen, z. B. ein Bewegungsspiel von schweren Elefanten.
Der Abstand von mehreren Wochen bis zu einer neuen Erlebnisform ist wichtig, da Kinder nicht wie Erwachsene diese körperlichen Zustände trainieren; sie fühlen sie zweckfrei nach, da die Hauptfigur in der Geschichte dasselbe tut.
In der Geschichte wird dabei Bezug auf das Erleben der Entspannung genommen (z. B. ihr Atem geht ganz ruhig und gleichmäßig...).
Die Entspannungsformeln „Ich bin ganz ruhig..., Ich bin ganz schwer..., Ich bin schön warm..., sagt sich die Hauptfigur selbst vor.

Die Kinder werden vor der Geschichte darauf aufmerksam gemacht, sich diese Sätze an der entsprechenden Stelle in Gedanken ebenfalls vorzusagen und auf die anderen Entspannungsformeln zu achten. Sie sollen versuchen immer das nachzufühlen, was der Held der Geschichte fühlt.
Die Inhalte der einzelnen Geschichten beziehen sich inhaltlich nicht direkt aufeinander, sondern sind in sich abgeschlossen. So ist es immer möglich auch die Kinder zu integrieren, die bei einer Traumstunde nicht anwesend waren oder sich erst später dazu entschließen an diesen Stunden teilzunehmen.

Zurücknahme/Abschlussphase

Um den Abschluss fantasievoll zu gestalten, verabschiedet sich der kleine Bär von jedem Kind. Die Erzieherin geht reihum und berührt mit der Pfote des Bären sanft das Gesicht jeden Kindes. Das Zurücknehmen gibt dem Körper ein Signal, dass die Übung nun beendet ist und auf die Entspannung wieder die Anspannung folgen wird. Dazu muss der Körper mit all seinen Funktionen wieder richtig „wach gemacht" werden.
Ist die Übung beendet, atmen die Kinder erst einige Male ganz tief in den Bauch hinein und stoßen die Luft kräftig nach draußen. Dann ballen sie die Hände zu festen Fäusten und recken und strecken sich solange, bis sie sich wieder ganz fit und voller Kraft fühlen.
Dies geschieht spielerisch über Bilder wie „Mach dich so groß wie ein Riese" oder „Räkle dich wie eine Katze". Auch lautes Gähnen ist erlaubt.
Nach der Zurücknahme darf jedes Kind, das möchte, seinen Traum erzählen. Vor allem auch nach der Entspannung wird gefragt, ob die Kinder die Ruhe, die Schwere, die Wärme gefühlt haben. Diese gemeinsame Gesprächsrunde dient dazu, das in der Stunde allein Erlebte innerhalb der Gruppe verarbeiten zu können.
Für ein kontrolliertes Gespräch ist der Einsatz diverser Hilfsmittel sinnvoll, die das Sprechen für die Kinder interessanter machen. Ein besonderer Anreiz kann das in den Arm nehmen des Stofftieres „Kleiner Bär" oder auch das Aufnehmen eines Erzählsteins sein.
Die Ergebnisse der darauf folgenden Aktivitäten, wie z. B. freies Malen, können in einer selbst gestalteten Traummappe gesammelt werden.
Je nach Art der Geschichte kann die Gruppe auch eine Gemeinschaftsarbeit erstellen. Eine weitere Möglichkeit die Traumstunde zu beenden ist, sie durch meditative Wiegeschritte ausklingen zu lassen.
Die erlebte Stille soll ausschwingen können und nicht gleich wieder in Lärm übergehen. Es ist deshalb wichtig Wert darauf zu legen, dass jede Übung mit Zeit zum Nachspüren abschließt und die Ruhe weiterfließen kann.

Der kleine Bär und der Ausflug zur Ruheinsel

Material: 1 Ruhematte pro Kind, 1 Traumboot, 1 blaue Serviette pro Kind, Musik, Rhythmiktücher und Muscheln zur Inselgestaltung, Legematerial
Alter: ab 4 Jahre

Hinführung

Die Kinder werden visuell und auditiv auf das Thema der Erzählung eingestimmt:
Sie sitzen im Kreis und in ihrer Mitte steht ein Schiff auf einem blauen Rhythmiktuch. Zusätzlich ist eine Inselkulisse mit grünen und braunen Rhythmiktüchern, Muscheln und Gräsern gebildet. Im Mittelpunkt sitzt der kleine Bär.

Die Kinder raten, was in der Mitte dargestellt sein könnte.
Die Erzieherin teilt den Kindern mit, dass heute diese Trauminsel das Ziel einer gemeinsamen Reise sein soll.

Die Erzieherin beginnt zu erzählen und die Kinder ahmen die Bewegungen nach:

Wir ziehen unsere Schuhe an, unsere Jacken und stehen nacheinander auf, um langsam loszuschleichen.
Wir durchqueren einen Tunnel und müssen uns ganz klein machen.
Vor uns liegt eine große Wiese. Wir müssen uns durch Sträucher und hohes Gras kämpfen.
Da vorne ist ein Weg! Wir rennen ein Stück weiter.
Wir sehen das Meer, an seinem Ufer hat unser Traumboot angelegt.

Pssst, lasst uns ganz langsam weiter schleichen, damit wir den schlafenden kleinen Bären im Boot nicht erschrecken.

Durchführung

Steigt in das große Motor-Segelboot.
Die Kinder legen sich auf ihre Matte.

Jetzt kann unsere Reise mit dem Traumboot zur Trauminsel losgehen. Das erste Stück fahren wir superschnell mit Motor. Schnallt euch deshalb an.
Die Kinder schnallen sich pantomimisch an. (Das Anschnallen ist ihnen vom Autofahren bekannt und lädt zum Ankommen und Stillwerden ein.)

Ihr habt alle einen superbequemen Reise-Liege-Sitz mit bester Aussicht.
Ihr liegt fest am Boden, damit das Schiff sein Gleichgewicht behält.
Macht euch ganz schwer – spürt euren Kopf am Boden – fühlt euren Rücken – eure Beine – eure Füße – eure Arme.

Nun starten wir.
Ihr seid der Motor. Achtet darauf, dass der Motor gleichmäßig tönt.

Die Kinder summen, ahmen das Motorgeräusch nach.

Der Motor ist nur für den Beginn wichtig, die Kinder nehmen Anteil und fördern das Projekt. Sie geben der Reise Kraft. Gerade das Summen und Tönen führt zur Konzentration im Jetzt, öffnet innere Räume und schenkt mit dem Ausklingen die Bereitschaft zur Stille und Offenheit.

Nun sind wir auf dem offenen Meer.
Wir stellen den Motor ab.
Das letzte Stück segeln wir weiter.
Wir werden ganz leise und lassen uns treiben.
Wir sprechen unsere Traumformel:
"Ich werde ganz leise und still, weil ich in das Traumland will."

Meditationsmusik einspielen und dabei die Geschichte erzählen:

Du bist mit dem kleinen Bär im Traumboot.
Vor dem Boot taucht eine Insel auf.
Stell dir eine Insel vor. Stell sie dir genau vor, in deinen eigenen Gedanken. Der kleine Bär und du, ihr seht sie im hellen Licht der Sonne liegen.
Sie ist wunderschön und sehr still.
Langsam und leise verlasst ihr das Boot und macht euch auf den Weg. Ihr lauft im weißen Sand des Strandes um die Insel.
Die Wellen gehen weit hinauf und wieder zurück ins endlose Meer.
Der kleine Bär entdeckt in der Mitte der Insel einen hohen Berg. Er nimmt dich auf seine Bärenschultern, damit du alles besser sehen kannst. Außerdem bist du schon etwas müde von der langen Reise.
Der Berg ragt weit in den Himmel hinein. Wolken streifen seine Gipfel. Er sieht wunderschön aus.
Du gehst weiter am Strand entlang.
Du durchquerst die Insel, dein Weg führt durch einen Wald und über Gras. Es ist deine eigene Insel der Ruhe, die du erkundest. Möwen hörst du, sie rufen nur ganz leise. Der Wind streift sanft über das Gras und es ist sehr still.
Du hörst deinen Atem gehen – ein und aus – ein und aus, ganz ruhig und gleichmäßig, ganz von alleine.
Du und der kleine Bär legt euch hin und ihr hört nur noch das Wellenrauschen und euren eigenen Atem.
Bei jedem Ausatmen denkst du an Ruhe. Du spürst deinen Atem ganz unten im Bauch. Dein Atem geht wie der Wind, er ist ganz ruhig. So liegst

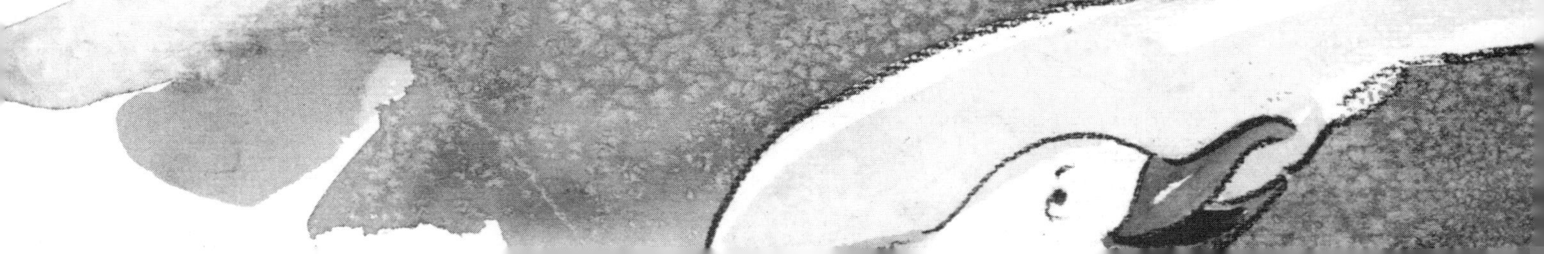

du da und fühlst wie ruhig du bist. Vielleicht fühlst du auch wie deine Arme schwer werden. Deine Arme sind ganz schwer.
Deine Beine sind müde vom vielen Gehen. Deine Beine sind ganz schwer. Dein ganzer Körper ist schön schwer. Du bist ruhig und schwer. So liegst du ein Weilchen auf deiner geheimen Insel und fühlst dich gut und entspannt. Du fühlst Ruhe und Stille in dir.

Die Musik – am besten leises Wellenrauschen – wird etwas mehr eingeblendet

Am Ende der Reise muss Bewegung wiederkehren, am natürlichsten werden die Kinder durch das Aussteigen und die Vorbereitungen dazu angeleitet:

Langsam wird es Zeit zurückzukehren. Spürt, ob ihr noch feste liegt.

Die Musik ausblenden

Bald legen wir wieder am Ufer an. Der kleine Bär verabschiedet sich langsam von euch.

Jedes Kind mit dem kleinen Bären im Gesicht berühren

Wir steigen aus dem Boot, winken ihm zum Abschied und machen unsre Augen wieder auf. Wir ballen unsere Hände zu Fäusten und strecken und dehnen Arme und Beine.

Abschluss

Jedes Kind, das nun möchte, kann den kleinen Bären in den Arm nehmen und erzählen, was es mit ihm auf seiner Trauminsel erlebt hat.
Zum Ausklang legen die Kinder ihre Trauminsel.
Sie erhalten jeweils eine blaue Serviette als Meer und verschiedene Naturmaterialien (Sand, Muscheln, getrocknete Früchte, Steine, kleine Äste...) mit denen sie ihre Insel gestalten können. Im Hintergrund spielt die Musik der Traumreise.
Die Kinder können so ihre erlebten Eindrücke und Gefühle vertiefen.

Der kleine Bär auf dem Zauberblatt

Material: 1 größeres Tuch, meditative Musik, Malutensilien, Äste, Blätter (am besten getrocknet)
Alter: ab 4 Jahre

Hinführung

Wir legen mit Ästen einen Zauberbaum. Von dem Zauberbaum fallen Zauberblätter, mit denen wir fliegen können.
Zusammen machen wir uns wieder auf den Weg ins Zauberland.
Wir stellen uns vor, abwechselnd schwere Bären und leichte Bärenkinder zu sein.

Abwechselnd kräftig stampfen und leichtfüßig hoch springen

Die kleinen Bären werden müde von ihrem Gehopse und Gespringe.
Immer langsamer und langsamer laufen sie und ihre Tätzchen hängen tief herunter zur Erde.

Langsam umherlaufen, Arme hängen lassen

Die Bären legen sich auf die weiche Erde vor dem Zauberbaum. Sie legen sich auf den Bärenrücken wie der kleine Bär. Die Tätzchen legen sie neben sich ins Gras, sie werden ganz schwer.

Auf die Ruhematte legen, Ruhehaltung einnehmen

Leise sprechen wir unsere Traumformel:
"Ich bin ganz leise und still, weil ich in das Traumland will."
Wir träumen vom kleinen Bären.

Durchführung

Der kleine Bär hat einen seltsamen Traum. In seinem Traum klettert er mit dir auf einen riesigen Baum. Es ist der größte Baum der Welt und er ist uralt. Die Äste knarren, wenn ihr zwei auf ihn steigt. Die Blätter flüstern euch geheimnisvolle Dinge zu.
Wenn du ganz leise bist, kannst du hören, was sie sagen.

Musik kurze Zeit einblenden

Der kleine Bär und du, ihr steigt immer höher.
Erst ist es dunkel unter dem riesigen grünen Blätterdach.
Aber bald wird es heller, je höher du hinaufkletterst. Die Sonne scheint endlich ganz durch das Blattwerk.
Der kleine Bär hält inne mit Klettern. Er blinzelt im Licht der Sonne. Vor sich sieht er ein riesiges Blatt, größer als er selbst. Er klettert weiter und legt sich hinein.
Auch du findest so ein schönes Riesenblatt und legst dich darauf. Es hält dich fest. Du liegst sicher wie in deinem Bett.
Du schließt die Augen und träumst.
Wind fegt durch die Baumwipfeln. Dein Blatt und das des kleinen Bären löst sich vom Baum und schaukelt mit euch in den Zauberhimmel hinein.
Du bist ganz ruhig, damit das Blatt vom Zauberwind getragen werden kann.
Der kleine Bär sagt leise vor sich hin: „Ich bin ganz ruhig."
Und ruhig segelt das Blatt über die Zauberwelt.
Du und der kleine Bär schauen sich alles von oben an. Es ist schön, was ihr da alles entdecken könnt.

Musik einblenden

Der kleine Bär fühlt wie schwer er wird – schön schwer.
„Ich bin ganz schwer", sagst auch du.
Und je schwerer ihr werdet, umso leichter wird das Blatt, umso höher fliegt ihr.
Du und der kleine Bär, ihr träumt noch eine Weile und genießt den herrlichen Ausblick von da oben.

Zeit lassen

Du merkst ein Kitzeln auf deinem Bauch – es ist ein Blatt, das vom Baum gefallen ist.

Jedem Kind ein Blatt auf den Bauch legen

Du weißt, dass es nun Zeit wird, dich von dem kleinen Bären zu verabschieden, du winkst ihm zum Abschied.
Dann machst du deine Augen auf, ballst deine Fäuste und schüttelst deine Beine. Du setzt dich hin und fühlst dich wohl.

Abschluss

Wer von seinem Traum erzählen möchte, nimmt den kleinen Bären in den Arm.
Danach darf jedes Kind seinen Traum malen. Im Hintergrund ist die meditative Musik zu hören.
Wer möchte kann sein „Zauberblatt" auf sein Bild kleben.

Fallendes Herbstblatt

Material: Blätter, Musik, Trommel, grünes Tuch, Ruhematten, 1 Windstab für jedes Kind
Alter: ab 4 Jahre

Hinführung

Die Kinder sitzen im Kreis und gestalten gemeinsam den Mittelpunkt mit einem grünen Tuch und getrockneten Blättern.
Die Gruppe spricht darüber wie und warum die Blätter vom Baum fallen.

Auf einer großen Wiese steht ein großer Baum mit vielen bunten Blättern. Es ist Herbst und der Wind weht kräftig.

Mit der Handtrommel verschiedene Rhythmen spielen, die den Wind symbolisieren.

Stellt euch vor, ihr seid Blätter, die vom Baum fallen und sich im Rhythmus des Windes langsam oder schnell bewegen.

Die Kinder stellen die Blätter dar. Je nach dem Rhythmus der Trommel bewegen sie sich langsam oder schnell.

Ist kein Wind mehr zu hören, legt ihr euch langsam auf die Wiese.

Die Kinder legen sich auf die Ruhematte und nehmen die Ruhehaltung ein.
Empfehlenswert ist es, den Wind immer leiser und langsamer werden zu lassen, ehe er gar nicht mehr zu hören ist.

Leise sprechen wir unsere Traumformel:
"Ich bin ganz leise und still, weil ich in das Traumland will."

Durchführung

Du bist mit dem kleinen Bären im Wald unterwegs. Es ist Herbst. Die Blätter der Bäume und Büsche sind bunt. Das ist schön anzusehen.
Zwei Eichhörnchen springen zwischen den Bäumen hin und her. Es sieht so aus, als ob sie Verstecken spielen.
Da hörst du auf einmal ein Rauschen und ein Rascheln, du weißt natürlich sofort, wer das ist.
Es ist der Wind.
Der kleine Bär und du beschließt eine Rast einzulegen. Du setzt dich mit ihm unter einen großen Baum.
Von ganz oben, vom Wipfel des hohen Baumes, löst sich ein Blatt und fällt langsam, ganz langsam der Erde entgegen.
Du schaust hinauf und stellst dir die Reise des Blattes vor. In Gedanken machst du die Reise mit, vom Wipfel

des Baumes bis hinunter auf das Moos und die Erde des Waldbodens.
Du setzt dich mit dem kleinen Bären auf ein schönes rot gefärbtes Blatt.
Du bist ganz ruhig.
Du fühlst den Wind um dein Gesicht streichen.
Dein Atem geht ein und aus, ein und aus, ganz ruhig und gleichmäßig, ganz von alleine.
Das Blatt tänzelt mit dir hin und her. Jeder Windhauch lässt es eine neue Tanzfigur drehen. Vom Blatt aus sieht alles ganz anders aus.
Vom Blatt aus schaukelt die Welt und ist winzig klein, sogar der Kindergarten (die Schule/ dein Zuhause), den du von hier oben entdecken kannst.
Das Blatt schwebt langsam dem Boden entgegen.
Du bist ganz ruhig und schwer.
Schließlich landet das Blatt im Moos. Der kleine Bär und du, ihr bleibt noch ein wenig liegen, kein Wind geht mehr – es ist ganz ruhig und du fühlst dich schwer und voller Kraft.

Musik einblenden

Dann sagst du dem kleinen Bären Auf Wiedersehen und versprichst ihm, bald wieder zu kommen.

Jedes Kind mit der Bärenpfote des Teddys berühren

Du öffnest die Augen und streckst dich, du fühlst dich frisch und munter.

Abschluss

Die Kinder bilden Paare. Ein Kind legt sich hin das andere hält einen Windstab (Holzstab, der an einem Ende mit langen Krepppapierfäden umwickelt ist).
Das liegende Kind spielt ein Blatt, das Kind mit dem Stab den Wind.
Im Hintergrund Meditationsmusik einblenden.

Ganz sachte berührt der Wind das Blatt im Gesicht, an den Armen und Beinen...
Das Blatt hebt jeweils den vom Wind berührten Körperteil an.
Nach einiger Zeit tauschen die Kinder die Rollen.
Hinweis: Natürlich muss darauf geachtet werden, dass der Wind von dem jeweiligen Kind wirklich ganz sachte gespielt wird!

Anschließend setzen sich alle in den Kreis. Der kleine Bär sitzt in der Mitte.
Jedes Kind, das möchte, kann wieder mit dem kleinen Bären im Arm seinen Traum erzählen.

Der kleine Bär und das Märchenschiff

Material: 1 rechteckiges Faltpapier (A4) für jedes Kind, Musik, 1 großes Papierschiff auf einem blauen Tuch, Malutensilien, Ruhematten
Alter: ab 4 Jahre

Hinführung

Die Kinder falten sich ein Papierboot:

- Das Faltpapier einmal längs und einmal quer falten. Wieder aufklappen und im Hochformat vor sich hin legen.
- Über den Querfalz nach unten doppelt legen.
- Die oberen Ecken zur Mittellinie legen.
- Die beiden unten überstehenden Papierstreifen nach oben klappen, den oberen nach vorn, den unteren nach hinten.
- Die kleinen Dreiecke des Vorderstreifens nach hinten die des hinteren nach vorne falten
- Den „Hut“ von unten auseinander drücken und die Spitzen genau aufeinander legen, so dass ein Quadrat entsteht.
- Die untere Spitze an die obere falten; umdrehen und das Gleiche auf der anderen Seite wiederholen.
- Das entstandene Dreieck von unten öffnen, drehen und die Spitzen wie oben aufeinanderlegen, dass wieder ein Quadrat entsteht.
- Die oberen Spitzen auseinander ziehen. Damit das Boot gut steht, wird es unten noch etwas auseinander gezogen.

Atemboot

Für diese Übung sitzen alle zunächst im Kreis auf ihren Ruhematten. Der Mittelpunkt zeigt diesmal das Meer (blaues Rhythmiktuch), auf dem ein Schiff steht und neben diesem der kleine Bär sitzt.
Die Kinder erfahren, dass sie heute mit dem Bären einen Ausflug auf einem Märchenschiff unternehmen werden.

Legt euch auf eurer Ruhematte bequem auf den Rücken und stellt euer Schiff auf den Bauch. Der Bauch soll nun das Meer sein, das euer Schiff sanft hin und her schaukelt. Atmet bis in den Bauch ein – und wieder aus...

Den Kindern erklären, dass das Schaukeln durch ihre Atmung geschieht und die Luft, die sie bis zum Meer (Bauch) einatmen, das Schiff bewegt. Diese Vorstellung knüpft an das kindliche Denkvermögen an und erleichtert später in der Fantasiereise den Gedanken, ganz ruhig zu atmen.

Jetzt lasst euer Schiff einmal im stürmischen Wellengang schaukeln.

Musik einblenden

Bewegt euch zur Musik als Wellen im Raum.

Jedes Kind bekommt ein blaues Tuch in die Hand, um sich leichter als Meer identifizieren zu können. Danach bewegen sie sich frei im Raum.

Wird die Musik leiser, geht ihr zur Matte zurück.
Wenn es ganz ruhig und keine Musik mehr zu hören ist, legt ihr euch wieder in Rückenlage hin.

Musik leiser werden lassen, dann ausblenden.

Legt euch das blaue Tuch auf den Bauch und stellt das Schiff darauf.
Ihr könnt nun beobachten, wie euer Atem das Schiff kräftiger als vorher schaukeln lässt.

Den Kindern wird hier ohne große Erklärungen erlebbar gemacht, wie und wann sie ruhig beziehungsweise schneller atmen.

Langsam werdet ihr ruhiger.
Der Atem wird gleichmäßig. Das Schiff schaukelt wieder sanft hin und her.

Durchführung

Leise sprichst du deine Traumformel und schließt die Augen.
"Ich bin ganz leise und still, weil ich in das Traumland will."

Du liegst ganz bequem. Alle Geräusche und Gedanken, die dich jetzt noch stören, steckst du in deinen Zauberballon und schickst sie weit, weit weg...

Du siehst ein Segelschiff mit goldenem Segel und vielen Schätzen an Bord.
Mitten auf dem Schiff steht der kleine Bär. Er winkt dir schon von weitem und lädt dich ein mitzukommen.
„Wohin denn", willst du wissen. Da flüstert der kleine Bär ganz leise: „Dies ist ein Märchenboot. Es kann dich überall dort hinbringen, wohin du nur möchtest."
Du steigst ein und die Fahrt beginnt.
Du entdeckst ein paar Möwen am Himmel. Etwas weiter erhebt sich eine kleine Insel aus dem Meeresblau.
Das Märchenschiff steuert direkt auf die Insel zu.
Es ist eine schöne Insel mit weitem Strand und hohen Palmen.
Du steigst vom Schiff und betrittst den weichen Sandstrand der Insel.
Du bist etwas müde von der langen Fahrt.
Du suchst dir am Strand eine Palme, legst dich in ihren Schatten und ruhst dich ein wenig aus.
Du liegst schwer wie ein Bär im Sand.
Am Strand ist es ruhig. Nur das Auf und Ab der Wellen ist zu hören.

Ruhe ist auch in dir. Dein Atem geht ein und aus, ganz ruhig.
Da liegst du eine Weile und träumst...

Musik einblenden

Es wird Zeit langsam wieder zurück zu kehren. Du steigst wieder aufs Märchenschiff und die Fahrt nach Hause beginnt. Gleichmäßig schaukelt das Schiff auf dem Meer. Der kleine Bär verspricht dir, dich das nächste Mal wieder mitzunehmen.
Du fühlst dich wohl, verabschiedest dich und freust dich auf die nächste Fahrt.

Jedes Kind mit dem Bären berühren

Langsam öffnest du wieder die Augen, streckst dich, schüttelst Arme und Beine und setzt dich wieder hin.

Abschluss

Jedes Kind, das nun über sein Erlebnis berichten möchte, nimmt den kleinen Bären in den Arm und erzählt. Es ist den Kindern immer freigestellt, ob sie etwas sagen möchten, da es auch um ihre inneren Gefühle geht, die durchaus ein Geheimnis bleiben dürfen.

Um jedoch allen Kindern die Möglichkeit zu geben, ihre Gedanken zu verarbeiten, malen sie im Anschluss an die Geschichte ihren Traum.

Zur Gestaltung des Bildes kann das gefaltete Schiff mitverwendet werden.

Dieser Traumstunde liegt vor allem das Ziel zu Grunde, die Kinder über die Beobachtung des Atems bewusst Spannung und Entspannung erfahren zu lassen und dadurch ihren Atem bewusster wahrnehmen zu lernen.
Es ist wichtig, regelmäßig und tief zu atmen, damit sich die Lungen so weit wie möglich entleeren und dadurch wieder frischen Sauerstoff aufnehmen können; den benötigt unser Körper gerade dann, wenn er angespannt ist und unter Stress steht. Durch die gezielten Atemübungen kann der natürliche Atemrhythmus positiv beeinflusst werden. Dies bewirkt eine größere Ausgeglichenheit und Konzentration.

Das blaue Tor

Material: Musik, Ruhematten, Malutensilien, Handtrommel, Schellenrassel, verschieden-farbige Rhythmiktücher, Märchenwolle, Äste, Tannenzapfen, kleine Steine...
Alter: ab 4 Jahre

Hinführung

Märchentiere
Die Kinder sind Märchenwesen, die sich abwechselnd je nach dem ob die Schellenrassel oder die Trommel ertönt in unterschiedliche Tiere verwandeln können.

Wenn die Schellenrassel erklingt, verwandeln sich die Kinder in leise Märchentiere (Vögel, Schmetterlinge, Schlangen...).
Beim Anschlagen der Trommel werden sie zu lauteren, stampfenden Tieren. (Wölfe, Drachen, Bären...)
Zum Ausklang des Bewegungsteils, werden am besten ruhigere Tiere gewählt, so dass die Kinder langsam auf den entspannenden Teil vorbereitet werden.

Gestaltung des Mittelpunktes

Nach dem Bewegungsspiel gestalten alle gemeinsam den Innenkreis, der auf die Thematik der Fantasiereise einstimmen soll.
Aus Naturmaterialien, Märchenwolle und Rhythmiktüchern bauen die Kinder einen kleinen Märchengarten auf.
Jedes Kind nennt dann eine Märchenfigur oder ein Märchen, das es besonders gerne hört. So wird es den Kindern in der anschließenden Geschichte erleichtert, sich in Gedanken etwas vorzustellen.

Durchführung

Lege dich bequem auf den Rücken. Schließe deine Augen und stell dir vor, dass der kleine Bär heute zu dir zu Besuch gekommen ist.

Jedes Kind mit dem kleinen Bären berühren

Leise sprichst du deine Traumformel:
"Ich bin ganz leise und still, weil ich in das Traumland will."

Du liegst mit dem kleinen Bären ganz ruhig in deinem Zimmer.
Während ihr zwei noch überlegt, was ihr heute schönes unternehmen könntet, hörst du ein leises Klingeln.
Du wunderst dich, was das sein könnte. Du schaust zu deinem Fenster hinüber und siehst etwas merkwürdiges glitzern.
Das Klingeln ist nun noch deutlicher zu hören. Du öffnest das Fenster und dann erkennst du deine Lieblingsgestalt aus einem wunderschönen Märchen.

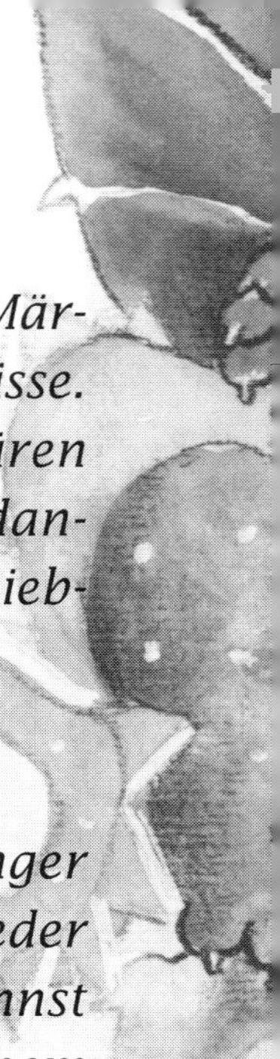

Du siehst sie ganz genau. Sie steht jetzt direkt vor dir.
Deine Märchengestalt streckt beide Hände aus. Eine Hand reicht sie dir, die andere dem kleinen Bären. Sie lädt euch beide ein, mit ihr die Märchenfreunde im Märchengarten zu besuchen.
„Das ist ja toll", denkst du und willigst sofort ein.
Ihr geht zusammen ganz ruhig aus dem Haus.
Ihr biegt in einen schmalen Weg ein und kommt an eine alte Mauer, an der schöne bunte Rosen blühen.
Du schaust durch ein kleines Loch und siehst dichtes Grün.
Du fühlst dich müde und schwer vom Laufen. Am liebsten möchtest du dich etwas ausruhen.
Deine Märchengestalt scheint deine Gedanken lesen zu können: „Nur noch bis zum blauen Tor, das mit Efeu überwachsen ist", flüstert sie dir zu.
Ob das Tor wohl offen ist? Dein Märchenwesen klingelt mit seinem hellen Glockenstab und spricht deine Traumformel:
„Ich bin ganz leis und still, weil ich in das Traumland will."
Da öffnet sich das blaue Tor wie von Märchenhand.
Was du jetzt siehst ist wunderschön, genau wie du es dir immer in deinem Lieblingsmärchen erträumt hast.
Du siehst einen wunderschönen Märchengarten. Er ist voller Geheimnisse. Du legst dich mit dem kleinen Bären auf ein Bett aus Moos und in Gedanken träumst du von deinem Lieblingsmärchen.

Musik einblenden

Eigentlich möchtest du noch länger hier bleiben, aber du hörst wieder dieses zarte Klingeln. Du erkennst das gleiche Glitzern wie an deinem Fenster. Es ist dein Märchenwesen, das dich und den kleinen Bären daran erinnert, dass es Zeit ist nach Hause zu gehen.
Du gehst durch das blaue Tor und fühlst dich voller Kraft.
Dann verabschiedest du dich von deiner Märchengestalt und von dem kleinen Bären.

Jedes Kind mit dem Bären berühren

Du freust dich schon auf euer nächstes Abenteuer, atmest tief durch und streckst dich. Du öffnest die Augen und kehrst hierher zurück.

Abschluss

Nachdem sich die Kinder über das Gespräch ausgetauscht haben, kann eine Vertiefung über das Malen erfolgen.

Diese Fantasiegeschichte bietet sich jedoch auch an, um eine Gemeinschaftsaktion durchzuführen:
Aus Naturmaterialien gestalten die Kinder gemeinsam einen Märchengarten, für den sie im Gruppenraum einen schönen und vielleicht auch ungestörten ruhigen Platz auswählen.
Über mehrere Tage verteilt können einzelne Kinder ihre Lieblingsmärchenfiguren nachbasteln. (Fingerfiguren aus Stoff, Stabpuppen, Figuren aus Pappmaché...)
Dieser Märchengarten kann auch dazu dienlich sein, einen Projekttag oder eine -woche über ein Märchen in gemeinsamer Runde ausklingen zu lassen.

Eine Reise zu den Wolken

Material: 1 Luftballon für jedes Kind, 1 blaues Tuch, Musik, Malutensilien, Ruhematten
Alter: ab 4 Jahren

Hinführung

Ballontanz

Im Raum werden so viele Ballons verteilt wie SpielerInnen mitmachen.
Wenn nun die Musik erklingt, laufen alle durch den Raum, ohne die Ballons zu berühren. Stoppt die Musik, laufen die SpielerInnen zu einem Luftballon, setzen sich daneben auf den Boden und befühlen den Ballon.
Nach einigen Musikstopps setzen die Kinder sich in den Kreis.
Die Erzieherin nimmt einen Ballon und klemmt ihn zwischen die Füße. So reicht sie ihn dem nächsten Kind weiter, das ihn mit den Füßen entgegennimmt und ebenfalls weiterreicht, bis der Ballon schließlich wieder am Ausgangsort angekommen ist.

Mittelpunktgestaltung

Die Mitte des Kreises wird mit einem blauen Tuch als Himmel ausgelegt.
Schließlich kommen noch drei Zauberballons (rot, blau, gelb) dazu.

Durchführung

Lege dich auf der Ruhematte bequem auf den Rücken. Stell dir vor du triffst den kleinen Bären.

Jedes Kind mit dem kleinen Bären berühren

Schließe die Augen und sprich leise deine Traumformel.

"Ich bin ganz leise und still, weil ich in das Traumland will."

Du gehst mit dem kleinen Bären auf dem Bürgersteig eine Straße entlang. Plötzlich schweben drei Ballons auf euch zu.
Ein Ballon ist so gelb wie eine Zitrone. Der zweite ist so blau wie das Meer. Und der dritte Ballon ist so rot wie eine Kirsche.

„Hallo", begrüßen euch die Luftballons.

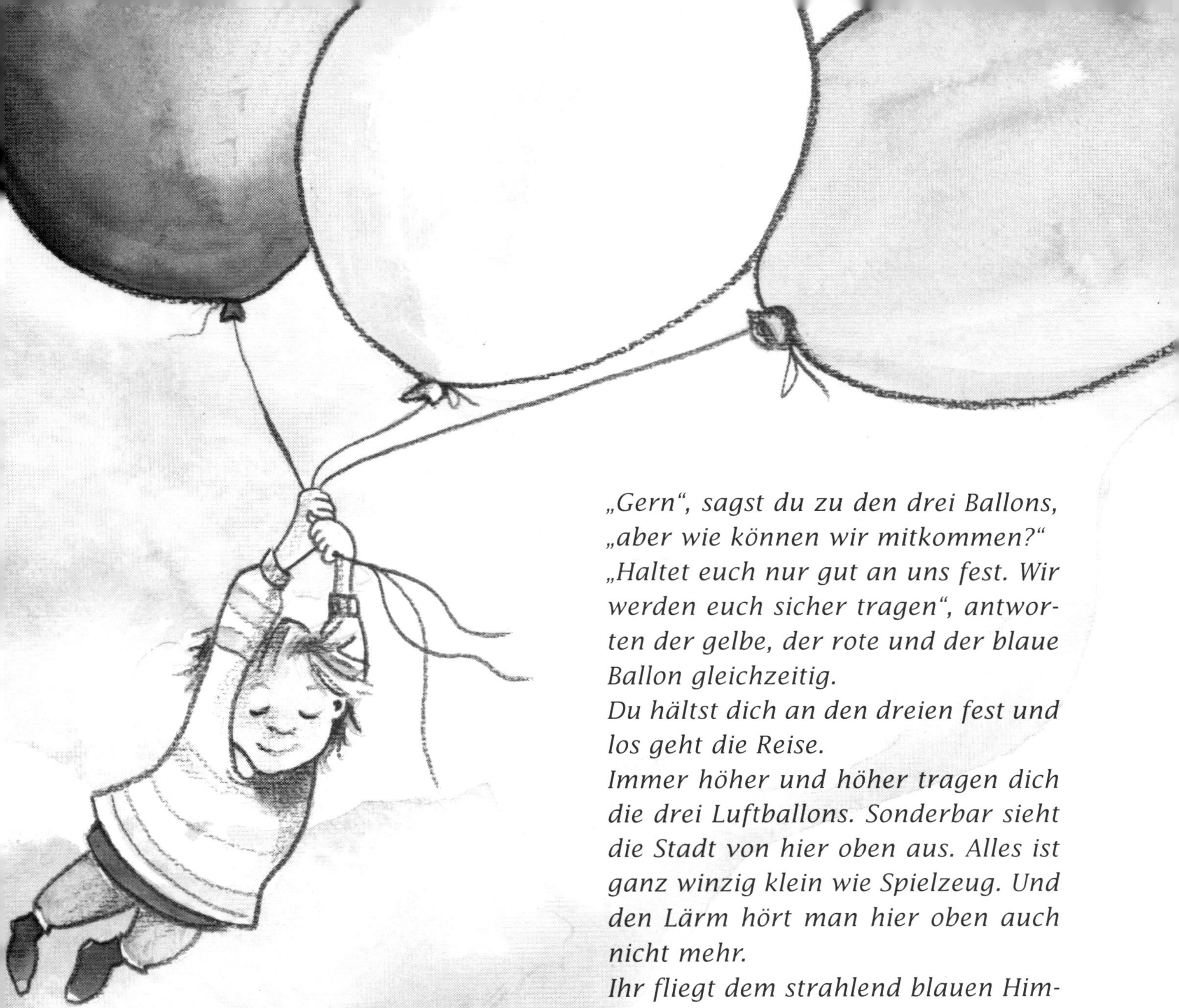

„Der Lärm hier ist ja schrecklich. Habt ihr nicht Lust mit uns eine kleine Reise zu unternehmen? Wir bringen euch auch wieder hierher zurück! Das versprechen wir euch."

Du überlegst einen Moment, doch einen Ausflug mit drei Luftballons zu machen, das wäre schon etwas ganz Besonderes und dein Freund, der kleine Bär, begleitet dich ja.

„Gern", sagst du zu den drei Ballons, „aber wie können wir mitkommen?"

„Haltet euch nur gut an uns fest. Wir werden euch sicher tragen", antworten der gelbe, der rote und der blaue Ballon gleichzeitig.

Du hältst dich an den dreien fest und los geht die Reise.

Immer höher und höher tragen dich die drei Luftballons. Sonderbar sieht die Stadt von hier oben aus. Alles ist ganz winzig klein wie Spielzeug. Und den Lärm hört man hier oben auch nicht mehr.

Ihr fliegt dem strahlend blauen Himmel entgegen.

Unterwegs begegnen dir viele verschiedene Vögel, die dir alle freundlich und ganz leise entgegenzwitschern.

Ihr kommt zu einer wunderschönen kuscheligen Wolke. Die Ballons fliegen zu der Wolke hin.

Du bist schon ein wenig müde und deine Arme sind etwas schwer vom Festhalten.

Die Wolke lächelt dir freundlich zu und schüttelt sich wie ein molliges Bett auf. Dann lädt sie dich und deinen kleinen Bären ein, euch einen Moment bei ihr auszuruhen.
Gemeinsam setzt ihr euch auf diese weiße, weiche Wolke.
Langsam legst du dich auf den Rücken und kuschelst dich in das Wolkenbett hinein. Über dir siehst du den blauen Himmel.
Ganz ruhig und still ist es hier oben. Du schließt deine Augen. Du merkst wie ruhig und entspannt du nun bist.
Die Sonne schickt einige warme Strahlen zu dir hinunter. Die Sonnenstrahlen wärmen deinen Körper, so dass du dich rundherum geborgen und glücklich fühlst.
Du beginnst vor dich hinzuträumen...

Musik einblenden

Die drei Ballons und der kleine Bär stupsen dich ganz sacht an:
„Hallo! Es ist Zeit für den Rückflug."
Du hältst dich wieder an den Ballons fest und gemeinsam verlasst ihr die schöne Wolke, die dir nachwinkt.
Ihr fliegt langsam auf die Stadt zu. Alles wird nun größer: die Häuser, die Straßen, die Bäume.
Vorsichtig und sanft setzen dich die Ballons wieder wohlbehalten auf der Erde ab.
„Es war schön mit dir", flüstern dir die Ballons zu und fliegen mit dem kleinen Bären davon.
Du erkennst noch vier ganz kleine Punkte am Himmel: einen gelben, so gelb wie eine Zitrone, einen blauen, so blau wie das Meer, einen roten, so rot wie eine Kirsche und noch einen braunen zotteligen, so braun wie der kleine Bär.
„Das war ein tolles Abenteuer", denkst du und machst dich wieder auf den Weg hierher zurück.
Du fühlst dich ganz wohl, streckst deine Arme und Beine und öffnest deine Augen.

Abschluss

Auch hier ist es wieder sinnvoll, die Kinder nacheinander über ihre Erlebnisse reden zu lassen.

In einer Gemeinschaftsarbeit können die Kinder eine große Traumwolke als Bilderschmuck für den Gruppenraum erstellen.
Auf einen blauen Fotokarton werden mit etwas Klebstoff kleine Wattebausche zu einer großen Wolke aufgeklebt.
Als Hilfestellung kann den Kindern der Grundriss einer Wolke vorgezeichnet werden.

Es ist ebenfalls möglich die Traumstunde mit der Gestaltung einzelner Traumbilder ausklingen zu lassen.

Der kleine Bär auf dem fliegenden Teppich

Material: Musik, Malutensilien, Ruhematten, 1 bunter Teppich, 1 Kuscheltier pro Kind
Alter: ab 4 Jahre

Hinführung

Kuscheltieratmung
Die Kinder sitzen im Kreis und stellen nacheinander ihre mitgebrachten Kuscheltiere vor. Sie schließen die Augen und geben die Kuscheltiere im Kreis weiter.
Sobald sie ihres wieder ertasten, öffnen sie die Augen, legen sich auf den Rücken und das Kuscheltier auf ihren Bauch.
Sie beobachten wie das Kuscheltier hin und her schaukelt.

Die Kinder stehen auf und hüpfen schnell auf der Stelle.
Auf ein Zeichen legen sie sich wieder auf den Rücken und das Kuscheltier wiederum auf den Bauch.
Wie schnell schaukelt jetzt das Kuscheltier hin und her?

Gestaltung des Mittelpunkts

Nach der Übung wird der Kreismittelpunkt thematisch zur Fantasiereise gestaltet: Auf einem kleinen bunten Flickerlteppich sitzt in der Mitte der kleine Bär.

Durchführung

Lege dich bequem auf den Rücken und setze dein Kuscheltier auf den Bauch.
Leise sprichst du deine Traumformel:
"Ich bin ganz leise und still, weil ich in das Traumland will."

Du liegst ganz ruhig und entspannt mit deinem Kuscheltier auf der Wiese vor dem Haus (Kindergarten, Schule...). Neben dir hörst du wie der kleine Bär mit seinem Fliegenden Teppich landet.
Er lädt dich ein mitzufliegen.
Du steigst mit deinem Kuscheltier zu ihm auf den Teppich und bleibst ganz ruhig liegen.
Der Teppich ist groß und wunderschön bunt. Natürlich ist er auch so breit, dass du nicht herunterfallen kannst.
Es dauert gar nicht lange und du bist schon in der Luft.
Du siehst wie die Bäume kleiner werden bis zu grünen Punkten, auch dein Haus (Kindergarten, Schule) wird immer kleiner.
Du bist ganz ruhig. Es ist schön mit

dem kleinen Bären und deinem Kuscheltier auf so einem Zauberteppich zu fliegen.
Du fühlst den Wind um dein Gesicht streichen.
Dein Atem geht ein und aus, ein und aus, gleichmäßig, ganz ruhig und von alleine.
Du schaust dir alles genau an, vielleicht siehst du einen kleinen blauen Bach von oben und bunte Blumen. Du siehst vielleicht auch viele Wolken, die sich ganz weich und warm anfühlen.
Du schaust hinunter und entdeckst eine kleine Insel. Es ist deine Trauminsel.
Stell sie dir einmal genau vor.
Wie sieht die Insel aus?
Gibt es dort viele Tiere?
Ihr fliegt etwas tiefer und haltet kurz an. Du liegst mit deinem Kuscheltier ganz schwer und ruhig auf dem Zauberteppich und schaust dich um.

Musik einblenden

Dann macht ihr euch wieder auf den Heimweg. Du spürst noch einmal den Wind und verabschiedest dich von den Vögeln und den weichen Wolken.
Dann fliegt ihr immer tiefer und landet wieder auf der Wiese vor dem Haus (Kindergarten, Schule).
Du verabschiedest dich von dem kleinen Bären, der dir verspricht, dich beim nächsten Mal wieder mitzunehmen.
Er verabschiedet sich von dir mit einem Streicheln im Gesicht.

Jedes Kind mit dem Bären berühren

Wenn du seine Pfote spürst, öffne deine Augen und setze dich noch einen Moment ganz still hin.
Bewege deine Arme und deine Beine, die vom langen Flug ganz müde geworden sind.

Abschluss

Die Kinder erzählen mit dem Bären im Arm von ihrem Traum und malen hinterher bunte Musterbilder, die sie zu einem großen Zauberteppich zusammenkleben können.

Ballonfahrt

Hinführung

Bewegungsspiel „Luftballon"
Wir stellen uns vor ein Luftballon zu sein, der aufgeblasen wird.
Beim Einatmen der Luft werden wir ganz groß, beim Ausatmen der Luft gehen wir in die Hocke.

Wahrnehmungsübung „Luftballon"
Die Kinder sitzen im Kreis und haben die Augen geschlossen. Sie geben einen aufgeblasenen Luftballon weiter und befühlen ihn nach Größe, Form und Beschaffenheit.

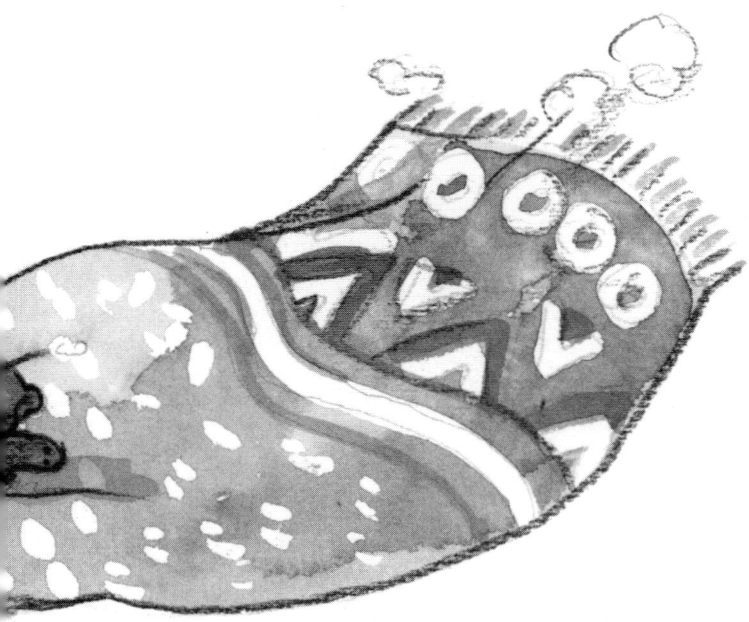

Material: Musik, Ruhematten, Malutensilien, Luftballon
Bastelei: Eierpappen, etwas Wolle, kleine Luftballons, (Nylon-) Strumpfhosen oder Apfelsinennetze.
Alter: ab 4 Jahre

Durchführung

Legt euch bequem auf eurer Ruhematte auf den Rücken, schließt die Augen und sprecht leise die Traumformel:
"Ich bin ganz leise und still, weil ich in das Traumland will."

Du bist auf einer wunderschönen Wiese. Von weitem siehst du einen großen Ballon. Du gehst neugierig hin. „Ein großer Ballon auf der Wiese", denkst du, „seltsam!"
Als du vor ihm stehst, ragt er hoch über dich hinaus. Er ist sehr groß, fast so groß wie ein Haus.
Der Ballon ist an einem dicken Seil festgebunden und schaukelt leicht im Wind hin und her.
Du siehst dich um. Aus der Gondel blickt ein kleiner, brauner, zotteliger Kopf heraus. Natürlich erkennst du ihn, es ist dein Freund der kleine Bär. „Komm rein!", ruft der kleine Bär dir zu, „wir wollen heute eine Ballonfahrt machen."

Das lässt du dir nicht zweimal sagen und steigst sofort in den schönen Korb des bunten Ballons ein.
Der kleine Bär bindet den Ballon los und langsam hebt ihr von der Erde ab. Du schwebst ganz sacht mit ihm nach oben. Immer höher.
Es ist ruhig um dich herum, nur das Rauschen der Luft, die am Ballon entlang streift, ist zu hören.
Es ist ganz still. Du bist ganz ruhig. Dein Atem geht ruhig ein und aus.
Der Ballon steigt immer höher. Die Wiese unter dir wird ganz klein. Mit ihren vielen Grüntönen sieht sie aus, als wäre sie mit deinem Farbkasten hingemalt.
Der Ballon schwebt langsam weiter. Er schwebt jetzt über einem Wald. Du siehst dunkle und helle, große und kleine Bäume. Ein Wasser blinkt, vielleicht ein See oder ein Fluss.
Du überfliegst ein Dorf. Es sieht aus, als sei es aus dem Bilderbuch. Am Rande des Dorfes siehst du Kühe und Pferde auf der Wiese weiden.
Die weißen Punkte, die du dann erkennen kannst, sind sicher Enten und Gänse.
Du schwebst weiter. Langsam geht es über Berge, die mit Schnee bedeckt sind. Die Bergspitzen kommen dir so nahe vor, dass du meinst, du kannst sie anfassen.
Ganz ruhig ist es hier in der Bergwelt.
Vor dir, auf einem Felsvorsprung bewegt sich etwas. Gämsen schauen aufmerksam herauf zu deinem Ballon. Sie haben so etwas sicher noch nie gesehen. Sie bleiben ganz ruhig stehen. Du findest in einem Korb in der Gondel Mohrrüben und wirfst einige den Gämsen zu. Sie fangen gleich an diese aufzuknabbern.
Du wirst still, um das Knabbern zu hören.
Dann schwebst du weiter.
Unterwegs siehst du viele bunte Blumen.
Langsam wird es Abend, die Sonne versinkt allmählich.
Nun sehen die Berge von der Sonne rot-golden aus.

Es wird Zeit wieder auf die Erde zurückzukommen.
Du suchst dir einen Platz aus, auf dem du landen willst. Dann schwebst du langsam, sacht nach unten.
Du bist wieder auf der Erde.
Du fühlst dich wohl. Du verabschiedest dich von dem kleinen Bären und winkst ihm nach, bis du nur noch einen braunen Punkt am Himmel erkennen kannst.
Du hast viel gesehen und bist vielleicht auch müde geworden.

Du bist ruhig und entspannt und träumst auf der schönen Wiese noch etwas weiter.

Musik einblenden

Jetzt öffnest du die Augen, streckst deine Arme und Beine und setzt dich langsam wieder hin.

Abschluss

Die Kinder, die ihren Traum erzählen wollen, nehmen sich den Traumballon aus der Mitte.

Anschließend malen sie nach Musik ihre Eindrücke.

Sie können aber auch ganz einfach kleine Ballons selbst anfertigen:

Die Eierpappen in einzelne „Körbe" zerteilen und jeweils einen an jedes Kind verteilen. Diese bemalen ihre „Gondel" nach eigenen Vorstellungen.

Kleine Luftballons aufblasen, jeweils ein Strumpfhosenbein oder Apfelsinennetz darüber ziehen und verknoten.

Vorsichtig den Ballon mit Wolle am Korb befestigen.

Die Reise im Heißluftballon

Diese Geschichte kann alternativ zu der vorherigen erzählt werden; der Aufbau der Traumstunde braucht hierzu nur von der vorherigen Fantasiereise übernommen werden.

Du bist auf deiner Zauberwiese. Heute ist ein trüber Tag. Plötzlich entdeckst du zwischen all den dunklen Regenwolken einen wunderschönen Heißluftballon. Er hat die Farben eines Regenbogens. An dem Ballon hängt ein großer Korb, groß genug um darin mitzufliegen.
„Ach“, denkst du, „wenn ich doch nur so einen wunderschönen Heißluftballon hätte, dann würde ich dort hinfliegen, wo schönes Wetter ist.“
Der Heißluftballon wird größer und fliegt in deine Richtung. Und da landet der Ballon auch schon. Aus dem Korb heraus, schaut der kleine freundliche Bär.
„Hallo du! Möchtest du mit mir fliegen?“
„Was für eine Frage!“, denkst du und kletterst in den Korb.
Da hebt sich der Heißluftballon auch schon wieder in die Lüfte. Ihr fahrt durch die dicken grauen Regenwolken hindurch.
„Na, wo willst du hinfliegen?“, fragt dich der kleine Bär. „Vielleicht willst du ins Märchenland oder auf eine warme Zauberinsel. Wir fahren hin, wohin du nur willst.“
Endlich weißt du, wohin du möchtest. Du beugst dich zu dem kleinen Bären und flüsterst es ihm in sein wuscheliges Ohr. Der kleine Bär lächelt: „Das ist eine gute Idee, ja, genau dorthin fliegen wir!“
Du schaust aus dem Korb des Heißluftballons nach unten, doch dort hängen nur die Regentropfen und Regenwolken. Aber das stört dich hier oben überhaupt nicht mehr.
Du freust dich schon auf euer Reiseziel und genießt die frische Luft um dich herum.
Hier oben ist es ruhig und still.
Nichts gibt es hier, was dir deine gute Laune verderben kann.
Immer näher kommt ihr dem Ziel, das du dir gewünscht hast. Und da, tatsächlich, der Heißluftballon wird langsamer und beginnt sacht, ganz sacht zu sinken. Bis er schließlich behutsam auf dem Boden aufsetzt.
Ihr klettert fröhlich aus dem Korb hinaus. Nun geht es los. Auf diesen Moment hast du schon sooo lange gewartet. Hier wolltest du schon immer einmal hin. Mit großen Augen wanderst du umher. Alles schaust du dir genau an.

Die Dinge, die du siehst, die du hörst. Bei jedem Schritt spürst du den Boden unter dir. Es ist einfach großartig. Du kommst aus dem Staunen nicht mehr heraus. Nun hast du Zeit, um dich an deinem Ort genau umzusehen, alles auszuprobieren...

Etwas Zeit lassen

Leise bittet dich der kleine Bär, deinen Wunschort zu verlassen, denn ihr müsst wieder zurück.

Als du in den Korb des Heißluftballons kletterst, spürst du wie erschöpft du bist.
Du legst dich ganz ruhig und entspannt hinein. Vielleicht kannst du spüren, wie schwer deine Arme und Beine sind.
Der kleine Bär deckt dich mit einer warmen Decke zu. Ganz warm und wohlig fühlst du dich. Und du beginnst zu träumen von all den schönen Sachen, die du eben erlebt hast.

Musik einblenden

„Wir sind zurück!" hörst du den kleinen Bären leise murmeln.
Bevor du aus dem Korb kletterst, nimmst du den lieben Bären in die Arme und bedankst dich für den schönen Ausflug.
Dann steigst du aus und winkst deinem kleinen Freund noch so lange nach, bis du den Heißluftballon nicht mehr sehen kannst.
Du streckst deine Arme und Beine, öffnest langsam deine Augen und bist wieder hier.

Die Reise des kleinen Bären ins Morgenland

Material: Handtrommel, Ruhematte, Musik, Malutensilien, Mandala-Malvorlagen
Alter: ab 4 Jahre

Hinführung

Trommelkreis
Wenn alle Kinder aufmerksam und leise geworden sind, nimmt sich die Erzieherin die Trommel, ruft den Namen eines anwesenden Kindes und trommelt dabei seinen Rhythmus. Das betreffende Kind setzt sich in den Kreis, nimmt die Trommel und ruft ein anderes Kind rhythmisch trommelnd beim Namen. Dies wird solange wiederholt, bis sich der Kreis geschlossen hat.

Körpertrommel
Auf eurem Körper könnt ihr spielen wie auf einer Trommel.
Zuerst der Kopf: Lasst die Handflächen, die Knöchel und die Fingerspitzen auf ihm tanzen. Danach beklopft ihr die Stirn und die Backen – aufgeblasen klingen sie noch besser!
Horcht auf all die verschiedenen Klänge.
Jetzt klopft und trommelt ihr auf Schultern und Arme. Hinauf und hinunter bis zu den Händen. Trommelt und spielt auf dem Brustkorb „Gorilla“ und schreit dabei laut „Uaaa“.
Zum Schluss trommelt ihr auch noch Po, Bauch und die Beine wach.

Schütteltanz
Ihr habt euch locker getrommelt. Nun könnt ihr euch warm tanzen.
Zunächst beginnen die Knie locker zu wippen. Immer mehr kommt der Körper in Bewegung, bis schließlich alles an euch wippt, hüpft, wackelt und schlenkert.
Mit heftigem Klatschen versucht ihr noch ein paar Fliegen zu fangen und stampft dabei mit den Füßen feste auf den Boden.

Durchführung

Ihr seid auf eurer Zauberwiese. Legt euch auf die Matte und stellt euch vor, dass ihr unter einem schattigen Baum liegt.
Ihr seid erhitzt und atemlos. In euren Ohren klingen noch die Trommeln. Ihr hört euren Atem und spürt, wie er langsam ruhiger wird.
Leise sprecht ihr eure Traumformel:
"Ich bin ganz leise und still, weil ich in das Traumland will.“

Es dauert gar nicht lange, du hast kaum deine Augen geschlossen, da taucht der kleine Bär auf. Er nimmt dich bei der Hand und zählt bis drei, da bist du, du kannst es kaum glauben, im Morgenland.
Märchenland, Morgenland. Weit weg hinter Berg und Tal, dort wo die Sonne aufgeht, liegt das Morgenland. Im wunderschönen Palast einer ori-

entalischen Prinzessin bist du gelandet. „Das ist Fatima", sagt der kleine Bär zu dir.
Ein Mädchen, das so viele Märchen kennt, dass es länger als 1001 Nacht dauern würde, dir alle zu erzählen.
Sie lächelt und führt euch die enge Wendeltreppe eines Palasttürmchens hoch.
Oben angelangt siehst du eine kleine Terrasse vor dir. Du gehst hinaus und staunst über den weiten Blick, über die Kuppeln und Dächer der Stadt. Ganz in der Ferne glänzt das Meer.
Die Prinzessin zeigt auf einen Teppich, der auf den Steinfliesen liegt. „Ein Zauberteppich", sagt sie leise und geheimnisvoll, „du kannst auf ihm fliegen, wohin du willst."
Schau ihn dir an, diesen Teppich. Wie schön er ist. Du siehst die leuchtenden Farben und Muster. Und wenn deine Hände darüber streichen, spüren sie die feine, weiche Wolle, aus der er gewebt ist.
Du legst dich auf den Zauberteppich. Der kleine Bär legt sich daneben. Er ist groß genug für euch alle. Du kannst dich ganz lang darauf ausstrecken.
Du bist ruhig und entspannt...
Du schließt die Augen...
Nun merkst du, wie sich der Teppich langsam, ganz langsam vom Boden abhebt. Du schwebst höher und höher...
Du fühlst dich ganz sicher auf deinem Zauberteppich.
Die Luft hier oben ist angenehm warm. Du spürst die Sonnenstrahlen, sie wärmen dich...
Ein leiser Windhauch streicht über deine Stirn...
Du fühlst dich ruhig und sicher.
Träum dich fort. Träum dich dorthin, wo dich deine Wünsche hinführen und schau, was dir alles begegnet auf deinem Flug...

Musik einblenden (am besten orientalische Musik)

Du bist müde vom Tanzen und Schauen.
Dein Zauberteppich trägt dich nach Hause. Wolken und Vögel begleiten dich auf der Heimreise. Jetzt erkennst du dein Haus (Kindergarten/Schule) von oben. Sanft landet der Zauberteppich. Du verabschiedest dich vom kleinen Bären, der ins Morgenland zurückfliegt.
Dann zählst du leise bis fünf. Wenn du bei 5 angelang bist, öffnest du die Augen.
Du atmest tief ein und aus – reckst und streckst dich und fühlst dich wach und entspannt.

Abschluss

Die Kinder erzählen ihren Traum.
Anschließend malen sie Mandalas aus, die sie zum Schluss zu einem großen Zauberteppich zusammenlegen können.

Eine Sternenreise mit dem kleinen Bären

Material: Ruhematten, Handtrommel mit Schlägel, Wattebausche, Malutensilien, 1 Schere für jedes Kind, Musik, 1 Teelicht für jedes Kind, Feuerzeug, 1 große Kerze, 3 blaue Tücher
Alter: ab 4 Jahre

Hinführung

Der Mittelpunkt wird mit einem blauen Tuch als Himmel und Watte gestaltet, die zu einer Wolke geformt, beziehungsweise gelegt wird.

Die Kinder sind Wolken, die vom Wind (Trommelspiel) über den Himmel getrieben werden.
Kommt Wind auf (die Trommel wird laut geschlagen), dann ziehen die Wolken schnell dahin; wird die Trommel leiser, bewegen sich die Wolken langsam im Wolkenmeer.
Hört die Trommel ganz zu schlagen auf, beruhigen sich die Bewegungen der Wolken und die Kinder legen sich auf ihre Ruhematten.

Durchführung

Weit oben am Himmel wartet der kleine Bär im Wolkenboot auf euch. Schließt die Augen und sprecht leise eure Traumformel:

> "Ich bin ganz leise und still, weil ich in das Traumland will!"

Komm mit – der kleine Stern wird dich führen. Er reicht dir seinen Lichtstrahl, an dem du hinaufklettern kannst. Siehst du den kleinen Bär im Wolkenboot?
Es ist ganz hell. Der kleine Bär winkt dir zu. Du steigst in das Boot. Wie weich und warm es ist. Du fühlst dich ganz sicher in diesem Boot aus Licht.
Es trägt dich. Sanft schaukelt es auf den Wellen des Wolkenmeers dahin.
Du spürst das Auf und Ab der Wellen.
Es ist still hier oben. So still, dass du deinen Atem hören kannst.
Er kommt und geht wie die Wellen des Wolkenmeers. Ruhig und fließend.
Ein und aus... Du schwebst...
Schwerelos gleitet das Wolkenboot durch den blauen Abendhimmel.
Siehst du die Sterne?
Sie strahlen und funkeln in vielen Farben. Jeder Stern hat eine andere Farbe.
Du kannst sie leuchten sehen.
Der kleine Stern flüstert dir zu: „Wohin soll die Sternenreise gehen? Wo willst du landen?"
Du suchst dir eine Sternfarbe aus und träumst dich dort hin.
Du träumst und schwebst weiter.
Vielleicht kannst du in deinen Träu-

men sehen, wie ruhig die kleinen Sternenkinder ihre Strahlen putzen und wie sie dir freundlich zuwinken.

Musik einblenden

Dann verabschiedest du dich vom kleinen Stern und vom kleinen Bären und rutschst auf einem Lichtstrahl hinunter, hierher zurück.
Du atmest tief durch, reckst und dehnst dich.
Dann öffnest du die Augen.

Abschluss

Jedes Kind malt auf Papier seinen Lieblingsstern, in der Farbe, die ihm am besten gefällt zu leiser Musik. Jedes Kind legt seinen Stern auf ein blaues Tuch, das den Sternenhimmel symbolisieren soll.
Das Kind, das zu erzählen beginnt, bekommt ein Teelicht, das es auf seinen Stern stellt. Der Reihe nach erhalten die Kinder ein Teelicht und entscheiden jeweils selbst, ob sie nur das Licht auf ihren Stern stellen wollen oder ob sie auch etwas zu ihrem Traum erzählen möchten. So leuchtet ein Stern nach dem anderen am Himmel auf.

Schneewanderung mit dem kleinen Bären

Material: Ruhematten, Musik, blaue und braune Tücher, Handtrommel, Watte, Märchenwolle, schwarzes Tonpapier für jedes Kind, Klebestift, weiße Papierreste, gelbe, weiße Malstifte, evtl. Glitter und kleine Deko-Sterne
Alter: ab 4 Jahre

Hinführung

Der Mittelpunkt des Kreises wird zur Winterlandschaft: braune Tücher symbolisieren die Erde, mit den blauen Tüchern werden Berge und Häuser gestaltet. Märchenwolle darüber gibt der Szene etwas Fantasievolles und Schneeflocken aus Watte bedecken die braune Erde.

Die Kinder bewegen sich als Schneeflocken durch den Raum. Begleitet werden sie hierbei vom Rhythmus der Handtrommel. Je schneller und lauter der Rhythmus, umso schneller tänzeln die Schneeflocken; je leiser und langsamer die Handtrommel zu hören ist, umso langsamer bewegen sich die Schneeflocken.
Ist kein Trommelschlag mehr zu hören, legen sich die Schneeflocken auf die Erde.

Durchführung

Es ist ein schöner Tag im Winter. Schließt die Augen und sprecht leise eure Traumformel:
"Ich bin ganz leise und still, weil ich in das Traumland will."

Der kleine Bär lädt dich zu einem Spaziergang ein.
Über Nacht ist Schnee gefallen. Die Schneeflocken rieseln so leise, dass niemand sie hört. Der Boden ist gefroren, so bleibt der Schnee liegen. Auf den Dächern der Häuser liegen dicke Hauben aus Schnee. Es sieht aus, als hätten die Dächer Mützen auf, die jeden Moment herunterfallen können. Die Wege sind weiß. Die Fußspuren darin erscheinen als schwarzes Muster.
Die Zäune sind mit kleinen Eiskristallen umkleidet. Eiszapfen hängen an Regenrinnen.
Du freust dich und möchtest in die Berge, um Schlitten zu fahren.
Stell dir vor, du bist in den Bergen. Du und der kleine Bär, ihr zieht den Schlitten. Die Schnur liegt fest in deinen Händen.
Alles um dich sieht so aus, als wäre es mit einem weißen Betttuch zugedeckt.
Der kleine Bär flüstert dir zu, dass es in dieser Gegend viele kleine Schneeelfen gibt. Manchmal, wenn es ganz still ist,

kommen sie vom Himmel herunter, um im weißen Schnee zu spielen.
Deine Beine sind schon ganz schwer vom vielen Laufen.
Du setzt dich mit dem kleinen Bären auf den Schlitten.
Der Platz ist schön warm. Dein ganzer Körper wird von der freundlichen Wintersonne durchwärmt.
Du schließt deine Augen und wirst ganz ruhig.
„Wenn ich doch nur eine Schneeelfe sehen könnte", denkst du.
Nach einer kurzen Weile erscheint über einer hohen Tanne ein Funkeln und Glitzern. Es kommt immer näher und du hörst zarte Schlittenklingeln.
Wie eine Sternenspur ziehen viele kleine Schneeelfen über den weißen Boden.
Du siehst sie dir genau an und bist ganz ruhig.
So etwas Schönes hast du bis jetzt nur im Märchenbuch gesehen.
Auf einmal kommen die kleinen Elfen auf dich und den kleinen Bären zu.
Ob ihr Lust hättet mit ihnen den Berg hinunterzurodeln.
Da lässt du dich nicht zweimal einladen. Voller Freude steigst du auf einen der goldenen Schlitten, die von wunderschönen Eisblumen umrahmt sind.
Auch der kleine Bär steigt auf.
Du bist ganz ruhig und fühlst dich wohl.
Dann rodelst du den Berg hinab.
Auf eurer Schlittenfahrt seht ihr viele Dinge.
Stell sie dir einmal genau vor.

Musik einblenden

Dann wird es Zeit für dich, den Schneeelfen und dem kleinen Bären auf Wiedersehen zu sagen.
Auf einem der schönsten Schlitten aus dem Elfenreich wirst du zurück (in den Kindergarten/ in die Schule/ nach Hause) gefahren.
Du winkst deinen Freunden noch lange nach, bis du nur noch Sternenstaub entdecken kannst.
Langsam öffnest du deine Augen und streckst dich, du fühlst dich voller Kraft.

Abschluss

Nachdem die Kinder ihren Traum erzählt haben, können sie ihre eigene Schneelandschaft gestalten.
Auf schwarzem Tonpapier entsteht mit Watte und weißen Papierschnipseln die weiße Landschaft. Mit Märchenwolle können die Kleider der Schneeelfen plastisch werden. Viel gelbe Farbe lässt ihre goldenen Schlitten erscheinen. Besonders reizvoll ist das Ausgestalten mit Glitter und glitzernden Dekosternen. Bestimmt möchte jedes Kind damit an sein Erlebnis mit den Schneeelfen erinnert werden.

Schlittenfahrt

Material: Musik, Ruhematten, Malutensilien, Adventskranz, Feuerzeug, grünes Tuch
Alter: ab 4 Jahre

Hinführung

Wir versammeln uns im Kreis und lassen den Adventskranz mit seinem Kerzenlicht vorweihnachtlich auf uns wirken.

Durchführung

Legt euch bequem auf eurer Ruhematte auf den Rücken und sprecht leise eure Traumformel:

"Ich bin ganz leise und still, weil ich in das Traumland will.“

Es ist kurz vor Weihnachten.
Du sitzt auf deinem Bett im Kinderzimmer, als du ein leichtes Klopfen an deiner Fensterscheibe bemerkst. Natürlich, wer könnte es denn anderes sein, als dein Freund, der kleine Bär.
„An was denkst du gerade?“, will der kleine Bär neugierig wissen.
An das, woran alle Kinder zur Weihnachtszeit denken, das ist doch klar.
Du möchtest gerne wissen, ob dich der Weihnachtsmann auch dieses Jahr nicht vergisst.
„Bist du für eine kleine Reise bereit?“, fragt dich der Bär. Als du wissen möchtest, wohin es gehen soll, erklärt dir dein Freund, dass der Weihnachtsmann ein guter Bekannter aus dem Traumland sei und dass er mit dir dort einen Besuch machen möchte.
Der kleine Bär sagt zu dir: „Schließe deine Augen und stell dir vor, dass vor deinem Haus ein Schlitten wartet. Du gehst hin und steigst ein. Gleich werden wir eine Reise machen.
Die Fahrt im Schlitten geht vorbei an verschneiten Häusern und Wäldern. Alles ist mit einer dicken Schneedecke bedeckt und überall ist es ganz ruhig.
Du hörst nur leise die Glöckchen der Rentiere und den knirschenden Schnee unter den Schlittenkufen.
Auch du wirst ganz ruhig und fühlst dich wohl.
Fast unbemerkt fängt der Schlitten zu fliegen an. Ganz leicht bewegen ihn die Rentiere in die Luft.
Er steigt mit dir immer höher und höher, bis ihr auf einer Wolkenwiese anhaltet.
Die Wiese sieht wunderschön aus, Eisblumen funkeln auf ihr wie kleine wertvolle Diamanten.
Inmitten der Wiese steht ein wunder-

schönes Wolkenschloss mit goldenen Türen und Fenstern.
Wohin du auch schaust, überall glitzert und funkelt es.
„Das muss das Haus des Weihnachtsmannes sein", denkst du. Vorsichtig schleichst du dich zum Fenster. Überall kannst du Geschenke sehen, die von kleinen Elfen liebevoll verpackt werden. Der Weihnachtsmann sieht schöner aus, als du ihn dir jemals vorgestellt hast.
Als er dich entdeckt, lächelt er dir freundlich zu.
Etwas müde geworden von all den schönen Dingen, die du gesehen hast, und von der langen Schlittenfahrt, legst du dich auf eine Wolke vor dem Haus des Weihnachtsmannes.
Du schließt deine Augen und bist ganz ruhig.
Du bist dir nun sicher, dass ein solch freundlicher Weihnachtsmann dich niemals vergessen würde.
Du stellst dir in deinem Traum genau vor, was dir der Weihnachtsmann zum Christfest bringen wird.

Musik einblenden

Da stupst dich der kleine Bär leicht an, denn gleich fährst du wieder vom Wolkenschloss hinab auf die Erde. Der Weihnachtsmann lenkt nun selbst den Schlitten durch das große Schlosstor hinauf auf die Wolkenwiese. Halte dich gut fest – im schnellen Tempo saust der Schlitten mit dir durch die Lüfte auf die Erde hinab und landet sanft in der schneebedeckten Landschaft. Vorbei an verschneiten Hügeln und Häusern fährt der Schlitten dich wieder an die Stelle zurück, an der du eingestiegen bist.
Wenn er anhält, verabschiedest du dich vom Weihnachtsmann und vom kleinen Bären.
Dann steigst du aus, reckst und streckst dich und öffnest deine Augen wieder.

Abschluss

Die Kinder erzählen von den inneren Bildern und malen anschließend die Geschenke, die sie sich während der Meditation vorgestellt haben.

Bilderbücher und Märchen zum Entspannen

Haben die Kinder schon etwas Erfahrung mit Stilleübungen, kann die Gestaltung einer Traumstunde mit Bilderbüchern und Märchen, die zum Entspannen anregen, den Kindern Abwechslung bieten.
Da hier aber öfter und rascher ein Wechsel zwischen Beobachtung und Vorstellung, beziehungsweise Ruhephasen geschieht, ist es sinnvoll, solch ein Angebot wirklich erst zu einem späteren Zeitpunkt einzusetzen.

Beide Arten der Kinderliteratur haben mit den Fantasiereisen gemeinsam, dass jeweils eine Hauptfigur die Geschichte begleitet, mit der sich die ZuhörerInnen identifizieren können. Deshalb ist es sinnvoll genau an diesen HeldInnen anzusetzen, um Entspannungs- und Ruheformeln einfließen zu lassen.

Die Phase der Entspannung sollte an das Ende der Geschichte / des Märchens anschließen.
Hier kann die Identifikationsfigur beispielsweise das Kind auffordern, über die ihm vertraute Traumformel ins Märchenreich zu gelangen und sie auf einer Traumreise zu begleiten. Gefragt ist dabei die Erzählkunst der ErzählerInnen, die nun an der Vorstellungskraft der Kinder anknüpfen und das Märchen vorbeiziehen lassen.
Bei der Vorbereitung ist es hilfreich das Märchen oder das Bilderbuch in Handlungsabschnitte zu untergliedern und Ansätze für Wärme und Schwere herauszusuchen, wie sie in den vorangegangenen Fantasiereisen verwendet wurden.
Das können Gegenstände sein oder Situationen, die Ruhe voraussetzen...
Bei Märchen als Anregung zur Entspannung erleichtert die Gestaltung einer Kulisse mit einfachen Materialien (Tücher, Natur- und Legematerial, Bausteine...) die Vorstellung eigener innerer Bilder.
Bei der Auswahl von Bilderbüchern ist darauf zu achten, dass es den Kindern gelingen muss, sich von den vorgegebenen Bildern/ Darstellungen zu lösen, um eigene Bilder entwickeln zu können. Die Bilder sollten daher nicht zu detailliert und in warmen, weichen Farben gehalten sein.

Beim Erzählen des Märchens, Betrachten des Bilderbuches sollte den Kindern immer wieder Gelegenheit gegeben werden über Bewegung und Spiel einzelne Szenen aktiv zu gestalten bzw. umzusetzen, da sie sich sonst aufgrund ihres natürlichen Bewegungs- und Tatendrangs nicht auf eine nachfolgende Entspannung einlassen können.

Der süße Brei

(Volks- und Hausmärchen der Gebrüder Grimm)

Material: Ruhematten, kleiner Kochtopf, Handtrommel mit Schlägel, 2 braune Rhythmiktücher, Holzbausteine, 3 Serviettenpuppen (2 größere, 1 kleinere), 1 großer Stein als Herd, kleine Zweige, Kastanien, Stöcke, Steine, 3 grüne Rhythmiktücher, Musik
Alter: ab 4 Jahre

Hinführung

Bewegungsspiel
„Töpfchen steh – Töpfchen koch!"

Alle sitzen im Kreis auf den Ruhematten, in der Mitte steht ein kleiner Kochtopf. Die Kinder erzählen, was alles darin gekocht werden kann.

Es folgt ein Spiel, in dem die Kinder die Rolle des kochenden Breies übernehmen.

Der Brei

fängt bei „Töpfchen koch" erst langsam an zu kochen.

langsame Trommelschläge – die Kinder bewegen sich dazu langsam noch im Sitzen oder in der Hocke

Dann brodelt er schneller

lautere schnellere Schläge – schnellere Bewegungen der Kinder im Stehen – sie drehen sich um die eigene Achse...

Die Herdplatte wird herunter gedreht und der Brei kocht wieder langsam

leise, langsame Schläge – die Kinder verlangsamen ihre Bewegungen und kehren zu ihrem Ausgangspunkt zurück

und bei „Töpfchen steh", ist der Brei fertig und ganz ruhig im Kochtopf.

auf die Matten setzen

Die genannten Bewegungsformen sind nur Anregungen. Die Kinder können sich eigene Bewegungen ausdenken und müssen sich keineswegs mit der ganzen Gruppe gleichförmig bewegen.

Die Kinder können hier ihre eigenen Erfahrungen einbringen und selbst aktiv werden. Sie erleben in diesem Bewegungsteil bewusst den Unterschied zwischen Anspannung und Entspannung und können sich gleichzeitig eine bildhafte Vorstellung vom Kochen des Topfes, der Hauptrolle im Märchen machen.

Durchführung

Das Märchen wird gleichzeitig zum Aufbau einer Kulisse im Kreisinneren erzählt:

Das Miterleben und Denken der Kinder ist noch sehr anschauungsgebunden. Das Aufstellen der Kulisse unterstützt die Erlebnisfähigkeit und die Konzentration der Kinder.

Es war einmal ein kleines Dorf.

Die Kinder legen braune Tücher in die Mitte. Auf diese bauen sie zu zweit mit Holzbausteinen kleine Häuser.

Dort lebten eine Frau und eine Tochter.

Die Serviettenpüppchen werden vor einem Haus aufgestellt.

Die beiden waren so arm, dass sie an manchen Tagen gar nichts auf ihrem Herd kochen konnten und nichts zu essen hatten.

Ein Stein als Herd wird neben die Puppen gestellt; das verwendete Material ist nicht realitätsgetreu und lässt somit dem Kind einen offenen Rahmen für seine Fantasie.

Da geschah es einmal, dass das Mädchen in den Wald hinausging, um Pilze und Beeren zu sammeln.

Die Kinder bauen einen Wald auf: kleine Zweige, Kastanien, Stöcke, Steine, grüne Tücher

Dort begegnete ihm eine alte Frau. Sie gab dem Mädchen ein Töpfchen in die Hand.

Eine weitere Serviettenpuppe wird im Wald aufgestellt mit einem Topf und einer gelben Serviette darin.

Dabei sagte sie: „Hier hast du einen kleinen Kochtopf, der wird dir und deiner Mutter gute Dienste leisten, und ihr braucht niemals mehr Hunger leiden. Du musst nur sagen ‚Töpfchen koch' und schon kocht es einen feinen süßen Brei. Und wenn ihr euch satt gegessen habt, sagst du einfach ‚Töpfchen steh' und schon hört der Topf auf."

Der Topf wird geöffnet und die gelbe Serviette plustert sich als „Brei" auf.

Kaum hatte die alte Frau das gesagt, war sie wieder verschwunden.

Die Serviettenpuppe wird entfernt.

Das Mädchen lief glücklich nach Hause, um das Töpfchen seiner Mutter zu zeigen. Sogleich probierten die beiden es aus. Das Mädchen sagte: „Töpfchen koch" und schon dampfte und brodelte darin ein Brei.

Das Mädchen zum Herd stellen. Das Töpfchen öffnen. Das Kochen gestisch und mimisch nachahmen und die Kinder auffordern, dies auch zu tun.

Bewegung und aktives Mitmachen lässt die Kinder danach wieder entspannt zuhören.

Als die Mutter und das Kind sich richtig satt gegessen hatten, befahl das Mädchen: „Töpfchen steh!"
So ging es nun alle Tage und die beiden mussten nie mehr hungern.
Eines Tages aber war das Mädchen fortgegangen, als die Mutter sich alleine den Brei kochen wollte.

Die kleine Puppe in den Wald stellen.

Die Kinder auffordern zu erzählen,

was die Mutter zum Topf sagen muss. Diese Wiederholung gibt ihnen Sicherheit und Orientierung.

„Töpfchen koch!" sagte die Mutter also und der Hirsebrei fing zu kochen an.

Die Kinder ahmen noch einmal das kochende Töpfchen nach.

Aber als sie genug gegessen hatte und schon ganz satt war, fiel ihr nicht ein, mit welchem Wort sie das Töpfchen zum Stehen bringen könnte. „Hör auf, genug, sei still!", rief sie. Aber es kochte weiter und weiter und der Brei floss über den Rand, auf den Herd, auf den Boden, aus der Tür, auf die Straße und durchs ganze Dorf.

Die Kinder verteilen mit gelben Servietten den süßen Brei auf die aufgebaute Kulisse. So können sie ihrer Entwicklung gemäß die Handlung mit allen Sinnen erleben. Durch die Mitbeteiligung werden die Kinder zum bewussten Miterleben und zur Projektion aufgefordert.

Da kam endlich das Mädchen aus dem Wald und sah, was los war. „Töpfchen steh!", rief es. Das Töpfchen kam zum Stehen und der Brei hörte endlich auf durch die Straßen zu fließen.
Doch wer nun kam und ins Dorf wollte, der musste sich erst einmal durch den dicken süßen Brei essen.

Die Kinder ahmen Schluckbewegungen nach, als ob sie essen würden.

Entspannung

Nachdem die Kinder in den vorherigen Abschnitten alles aktiv nachempfinden konnten, erleben sie nun eine Möglichkeit ihren Körper durch die Entspannung zu erfahren.
Sie können ihre eigenen Gefühle ohne Druck auf sich wirken lassen. Somit findet eine gedankliche Verarbeitung statt.

Die Leute sind vom vielen Hirsebrei und vor Erleichterung, dass es aufgehört hatte zu kochen, ganz müde geworden und allmählich wurden sie so still wie das Töpfchen.
Sie legten sich auf den Rücken, so wie ihr jetzt.
Wenn ihr den gelben Brei auf eurem Bauch spürt, versucht die Augen zu schließen und die Arme und Beine ganz ruhig neben euch liegen zu lassen.

Jedem Kind die gelbe Serviette auflegen

Spürt wie ruhig es nun ist und sprecht leise eure Traumformel:
"Ich bin ganz leis und still, weil ich in das Traumland will."

In deinem Traum stehst du in einem Wald.
Dort triffst du ein kleines Mädchen,

das genauso alt ist wie du. Ihr fasst euch an der Hand und folgt einem gelben Licht, das euch den Weg zeigt.
Als ihr aus dem Wald herauslauft, fühlst du wie schwer deine Beine vom Gehen geworden sind.
Du siehst ein kleines Dorf, dessen Wege voller Brei sind.
Das Mädchen und du, ihr setzt euch erst einmal unter einen Baum und überlegt, wie ihr zu dem Haus kommen könnt, in dem das Mädchen wohnt.
Ihr werdet ganz ruhig und du spürst wie dein Atem ganz langsam ein und aus geht.
Dann fängst du an, dir den Weg frei zu essen. Dein Körper wird schon bald ganz warm, so warm wie der süße Brei.
Als du am Haus des Mädchens ankommst, bittet dich seine Mutter hinein.
Du schaust dich um.
Vielleicht kannst du das Zaubertöpfchen sehen und das Feuer im Kamin knistern hören.Du findest es schön hier, aber du bist müde geworden von dem langen Weg, du legst dich neben das Feuer in der Stube und träumst noch eine Weile vor dich hin.

Musik einblenden

Nach einer Zeit weckt dich das Mädchen. Es wird Zeit für dich zu gehen. Ihr verabschiedet euch voneinander.
Zum Abschied streicht das Mädchen dir noch einmal sanft über dein Gesicht; wenn du ihre Hand spürst, setzt du dich langsam wieder auf und spannst deine Hände zu Fäusten.

Jedes Kind mit der Hand berühren

Du bist wieder hier (im Kindergarten/ in der Schule/ zu Hause) und fühlst dich wohl und ganz ruhig.

Abschluss

Wer seinen Traum erzählen möchte, nimmt den kleinen Kochtopf dazu in die Hand. Jedes Kind hat hier noch einmal die Möglichkeit, seine Eindrücke zu verbalisieren. Das Töpfchen in der Hand vermittelt Distanz und Anreiz.

Ein Märchen vom Licht

Material: Musik, Ruhematten, Teelichter, Feuerzeug, Bausteine, 2 Figuren, 2 Zehnpfennigstücke, Stroh, eine kleine Schachtel
Alter: ab 4 Jahre

Hinführung

Reise in das Märchenreich

Dieser Bewegungsteil soll die Kinder spielerisch auf das Märchen einstimmen.
Dazu gehen sie pantomimisch auf die Reise ins Märchenreich:

Heute wollen wir uns auf eine lange Reise begeben, die uns gemeinsam ins Märchenreich führt.
Wir laufen langsam los.
Kommt lasst uns über die weiche Zauberwiese rennen.
Seht ihr dort hinten den Tunnel. Wir müssen uns ganz klein machen, damit wir durchkriechen können.
Am anderen Ende des Tunnels führt uns ein Weg zu einer Bahnstation.
Ein Zug steht bereit. Kommt wir steigen ein. Langsam fährt der Zug an, er wird immer schneller und schneller.
Der Zug hält an.
Wir steigen aus, denn hier ist schon der Zauberwald.
Seht das schöne Schloss auf dem Berg! Es ist das Märchenschloss und wir dürfen heute in den herrlichen Thronsaal des Königs. Kommt setzt euch und macht es euch bequem.

Durchführung

Das Märchen wird über den Aufbau einer Kulisse vermittelt.

Die Geschichte passierte in einem Königreich vor vielen, vielen Jahren.
Braune Tücher auslegen.

Da lebte ein König (Goldkrone dazulegen) in einem Schloss. Dieses Schloss hatte einen riesigen Festsaal, in dem gefeiert und getanzt wurde.
Die Kinder gestalten das Schloss mit Holzbausteinen.

Der König hatte zwei Söhne.
Es werden zwei Figuren dazugestellt.

Eines Tages rief der König seine zwei Söhne zu sich und sprach:
„Meine lieben Kinder, ich bin alt und werde nicht mehr lange leben. Einer von euch soll nach mir König sein und das Land regieren. Ich habe euch beide gleich lieb und weiß nicht, wem ich das Land geben soll. Deshalb sollt ihr eine Aufgabe lösen. Und wem das am besten gelingt, der soll König sein."

Die beiden Söhne waren einverstanden und fragten: „Vater, was sollen wir tun?“
Da sprach der König: „Ich gebe jedem von euch ein Goldstück.

Zwei Zehnpfennigstücke dazulegen.

Kauft davon etwas, was die große Königshalle bis unter das Dach ausfüllt. Nicht ein Winkel darf frei bleiben. Und was ihr kauft, muss an einem Tag, an einem einzigen Tag, in die Königshalle hineingetragen werden. – Geht und wählt nun aus.“
Die beiden Königssöhne gingen davon und überlegten.
Der ältere Sohn machte sich als Erster auf den Weg. Tag und Nacht suchte er.
Er kam zu einem Bauern, der hatte große Scheunen voll Stroh.

Stroh in die Mitte legen

Da freute sich der Königssohn und dachte bei sich: „Ich weiß, was ich tue. Mit diesem Stroh fülle ich die Halle meines Vaters und dann werde ich König sein.“
So kaufte er dem Bauern das viele Stroh ab und gab ihm sein Goldstück dafür.
Dann brachte er das Stroh zum Schloss. Vom Morgen bis zum Abend trug er das Stroh in die Königshalle hinein. Aber als es dunkel wurde, war die Halle noch nicht einmal halb gefüllt.

Nun war der jüngere Sohn an der Reihe.
Als er zurück kam, hatte er nur einen kleinen Kasten bei sich.

Kleine Schachtel in die Kulisse legen

Den trug er in die Halle und verschloss die Tür. In dem Kasten waren viele kleine Lichter.

Teelichter im „Thronsaal“ verteilen

Die hatte er für sein Goldstück gekauft. Er stellte sie überall in der Halle auf und zündete sie an.
Als die Sonne untergegangen war, ging der Königssohn zu seinem Vater und sagte: „Die Aufgabe ist gelöst. Komm und schau.“

Vorhänge zuziehen, die Teelichter anzünden

Draußen war es dunkel. Als der König aber die Tür des Festsaales öffnete, strahlte ihm das helle Licht entgegen. Die vielen kleinen Lichter leuchteten bis unters Dach in jede Ecke. Die große Halle war voller Licht.
„Mein Sohn, du hast klug gewählt und sollst König sein."

Der Saal war voller Wärme und das Licht flackerte ruhig. Der König, sein Sohn und die Minister fassten sich an den Händen und wurden ganz ruhig.

Entspannung

Da hörten sie eine Musik, die das Licht erklingen ließ.
Musik einblenden

Sie wurden ganz ruhig und mit dem Blick auf das Licht gerichtet, legten sie sich langsam hin. Es war ganz ruhig und still.
Auch du legst dich dazu und schließt deine Augen.
Du träumst davon, wie schön warm es im Königssaal ist. In Gedanken siehst du ein kleines Licht.

Als du länger hinschaust, erkennst du, dass es der Königssohn ist. Er gibt dir seine Hand.
Sie ist schön warm.
Vielleicht werden auch deine Arme und Beine warm.
Ihr geht zusammen durch das Königsschloss.
Du bist ganz ruhig und müde und siehst dir alles genau an.
Vielleicht siehst du die Schatzkammer, die goldenen Möbel, den Kamin mit dem warmen Feuer, die schönen roten Teppiche und das schöne Himmelbett.
Du legst dich hinein, deine Arme und Beine werden schwer und müde und du träumst ein wenig.
Etwas Zeit lassen

Nach einer Weile wird es Zeit für dich zu gehen. Ihr verabschiedet euch und du kehrst hierher zurück (in den Kindergarten/ in die Schule/ nach Hause).
Du streckst deine Arme und Beine, öffnest deine Augen und fühlst dich wohl und voller Kraft.

Abschluss

Jedes Kind darf seinen Traum erzählen. Während des Erzählens steht ein kleines Licht vor seinem Platz.

Wusel, das Waldmonster

Material: 1 Igelball, 1 Tasche, Wattebausch mit Apfelduft, Murmel, Luftballon, Apfel, Kastanie, verschiedene runde Gegenstände, Blätter, Äste
Alter: ab 4 Jahre

Hinführung

Ich möchte euch heute eine Geschichte erzählen, aber dazu müsst ihr erst einmal versuchen ganz still zu werden.

Spiel: Blick weitergeben
Die Kinder sitzen um Kreis. Das erste Kind sieht sein rechtes Nachbarkind an und schließt die Augen. Das Nachbarkind dreht sich zum nächsten Kind, sieht es an und schließt ebenfalls die Augen. Die Runde geht so lange, bis alle Augen geschlossen sind.

Durchführung

Lasst bitte alle die Augen zu und seid ganz leise, da ein Wusel, von dem handelt nämlich die Geschichte, sehr scheu ist und nicht gesehen und gehört werden möchte.
Ich gebe euch, während ich erzähle, verschiedene Gegenstände in die Hand, die ihr nur befühlt, beziehungsweise beschnuppert und dann leise weitergebt.

Die Kinder sollen sich auf die Stille einlassen, um mit ihrem taktilen Sinn intensiver wahrnehmen zu können; gleichzeitig wird ihre Vorstellungskraft geweckt.

Wusel, das kleine Waldmonster, ist kein Igel, obwohl ihn schon mancher dafür gehalten hat.

Igelball weitergeben

Es ist eher ein Kugelfisch, der nicht im Wasser leben kann, weil er nie schwimmen gelernt hat.
Wusel weiß, dass er ein Wusel ist, und das reicht ihm.
Was das genau bedeutet, will er gar nicht wissen.

Eines Tages geht Wusel im Wald spazieren und freut sich an den Bäu-

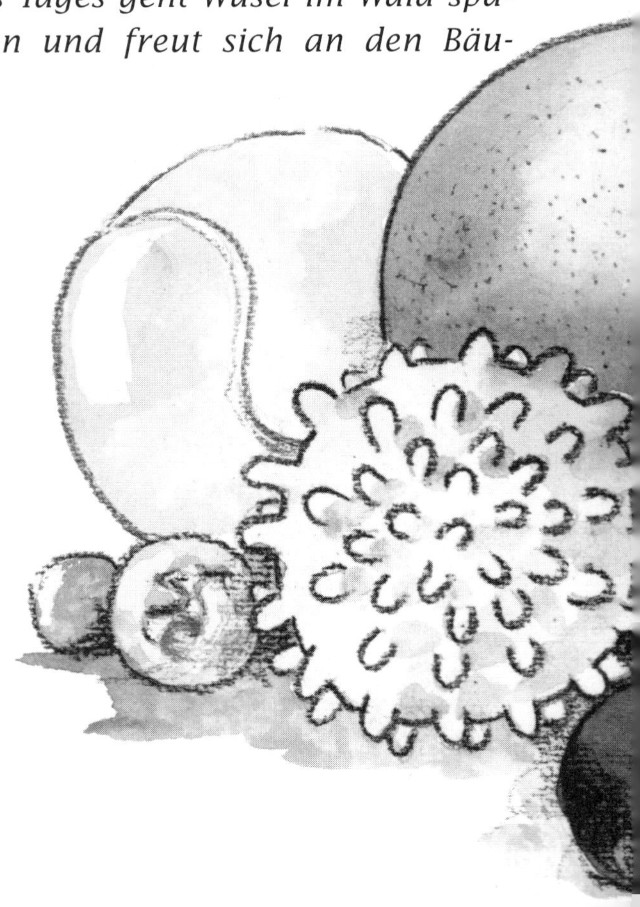

men, den Ästen und den Blättern.
Er marschiert leise durch das weiche Moos.

weichen und flauschigen Stoff weitergeben

Lange Zeit kugelt er sich darin.
Auf einmal riecht er etwas sonderbares.

Duft weitergeben

Hätte er diesen Duft nicht gerochen, er wäre wahrscheinlich noch stundenlang im Moos herumgewuselt. Doch dieser Duft zog ihn magisch an.

Wusel kugelt der Duftspur hinterher. Immer wieder schnüffelt er und entdeckt noch andere Gerüche. Nach einer Weile steht er am Rande einer Wiese. Der Duft ist jetzt ganz stark. Wusel schaut sich um und sieht viele Äpfel auf einer Wiese liegen

Apfel weitergeben

Oh, wie herrlich die riechen.
„Sie sehen fast so aus wie ich, sie sind nur glatter.
Mmh", denkt da Wusel, „wenn ich nur einmal einen anderen Wusel finden könnte." Und weil Wusel noch nie einen zweiten Wusel getroffen hat, rollt er los und begibt sich auf die Suche.
Wusel untersucht nun alles, was rund ist.
Aber nichts sieht so aus wie er.

verschiedene runde Gegenstände weitergeben

Auf einmal, ganz unerwartet, entdeckt er doch einen zweiten Wusel und beide gehen zusammen spazieren.

Igelball durchgeben

Abschluss

Was können Wusel und sein neuer Freund auf dem Spaziergang so alles erleben?
Die Kinder erzählen die Geschichte weiter. Das Kind, das erzählt, bekommt hierzu den kleinen Wusel in die Hand.

Frederick

von Leo Lionni

Material: Ruhematten, Legematerial, Musik, Handtrommel, grünes Tuch, Steine, Bilderbuch
Alter: ab 4 Jahre

Inhalt

In diesem Bilderbuch wird den Kindern gezeigt, was Poesie vermag. Frederick, eine Feldmaus, sammelt statt Körnern, Nüssen und Weizen Sonnenstrahlen, Farben und Wörter als Wintervorrat.
Die anderen Feldmäuse verstehen Frederick nicht und machen ihm Vorwürfe. Als aber im Winter alle Vorräte verbraucht sind und Frederick mit Hilfe seiner ideellen Reserven durch Erzählungen der Familie über den Winter hilft, wird allen klar, was Fantasie und Poesie vermag.
Durch die Identifikation mit Frederick, der Hauptfigur, können sich die Kinder ihrem Alter entsprechend einem wichtigen Grundbedürfnis, der Träumerei hingeben. Damit eignet sich dieses Bilderbuch besonders, es im Anschluss an die Betrachtung mit einer Entspannung zu vertiefen.

Mittelpunktgestaltung

Die Kinder sitzen im Halbkreis auf den Ruhematten. Im Mittelpunkt liegen ein grünes Tuch und Steine, welche die Kinder zu einer Mauer legen.
Ihnen wird erklärt, dass dies ein Mäuseversteck ist und die Mäuse in den Steinen ihre Wintervorräte verstecken.

Hinführung

Mäusebewegungsspiel
Die Kinder spielen Mäuse, die ganz leise im Raum umher schleichen. Wenn sie die Trommel hören, müssen sie sich geschwind auf ihre Matte legen, um nicht entdeckt zu werden.

Durchführung

Die Erzieherin betrachtet gemeinsam mit den Kindern das oben genannte Bilderbuch. Die Kinder haben Gelegenheit sich zu den einzelnen Bildern zu äußern.

Entspannung

Nun könnt auch ihr einmal Mäuse spielen, die in ihrem Winterversteck liegen und träumen. Legt euch bequem auf den Rücken und schließt die Augen.

Es ist Winter.
Du liegst in deinem Winterversteck und träumst.
Du hast dich ganz satt gegessen, mit all deinen Vorräten.
Vom vielen Essen bist du ganz müde und fühlst dich schwer.
Deine Augen sind geschlossen und du erinnerst dich an die warmen Sonnenstrahlen im Sommer.
Vielleicht wird dein ganzer Körper schön warm.
Du siehst die schöne Blumenwiese vor dir. Du erkennst viele verschiedene Blumen und Farben.
Stell dir vor, du gehst auf die Wiese.
Du suchst dir deine Lieblingsblume in der schönsten Farbe aus. Sie sieht aus wie gemalt.
Du legst dich hinter einen großen kühlen Stein. Niemand kann dich sehen.
Es ist alles ruhig um dich herum.
Du schaust hoch zu den Wolken. Sie haben sich zu den schönsten Fantasiegestalten geformt.
Du bleibst ganz ruhig liegen und träumst ein wenig weiter.

Musik einblenden

Dich trifft ein Sonnenstrahl der Frühlingssonne und weckt dich. Du streckst deine Arme und Beine, öffnest deine Augen und kehrst hierher zurück.
Du fühlst dich wohl und voller Kraft.

Abschluss

Die Kinder erhalten paarweise Legematerial (besonders geeignet sind Naturmaterialien wie Samenkapseln, Kastanien, Kieselsteine, Tannenzapfen, getrocknete Blüten und Blätter). Auf Legeplatten (z.B. aus Kork) gestalten sie ihr Traumbild für den Winter.
Wer möchte kann im Anschluss den anderen von seinem Traum erzählen.

Indianerjunge Kleiner Mond

von Winfried Wolf

Material: Ruhematten, Musik, braune und grüne Tücher, Federn, Bilderbuch
Alter: ab 5 Jahre

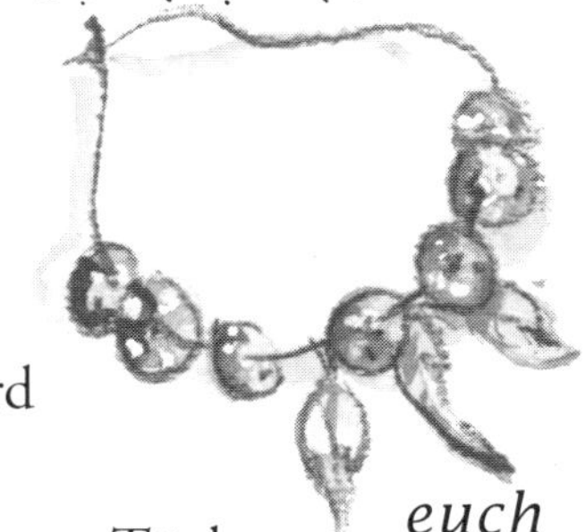

Hinführung

In der Mitte des Halbkreises wird ein Indianerdorf aufgebaut.
Als Untergrund werden die grünen Tücher ausgelegt und darauf die braunen Tücher als Tipis aufgestellt (in der Mitte hochheben und auf den Boden stellen, ein spitzes Dreieck entsteht). Vor jedem Tipi liegt eine Feder. Eine kleine Feder liegt abseits, sie symbolisiert den Indianerjungen „Kleiner Mond“, der sich auf den Weg macht seine Eltern zu finden.

Durchführung

Gemeinsam betrachten die Kinder das oben genannte Bilderbuch. Ihnen wird Gelegenheit gegeben sich zur Geschichte zu äußern.

Entspannung

Kleiner Mond begibt sich auf den Weg seine Eltern zu suchen. Als er eine Weile gelaufen ist, wird er müde. Er sucht sich einen schönen Platz und legt sich hin.
Er schließt seine Augen, wie du jetzt, und spürt wie es um ihn ruhig wird.
Ihr träumt.
Ihr spürt den Boden ganz fest unter euch und fühlt euch ruhig und geborgen.
Damit Kleiner Mond nicht friert und sich wirklich ausruhen kann, stellst du dich vor ihn und zündest mit Holz und Steinen ein Feuer an.
Es wird ganz warm um euch zwei.
Als Kleiner Mond am Morgen aufwacht, beschließt du ihn auf der Suche nach seinen Eltern zu begleiten.
Du gehst dabei lange durch den warmen Präriesand und fühlst dich ganz ruhig.
Deine Beine werden vom Gehen ganz schwer und müde.
Du schaust dich in dem fremden Land der Indianer um.
Es ist dort ganz still. Du kannst herrlich weit schauen.
Stell dir in deinen Gedanken dieses Land einmal genau vor.

Musik einblenden

Kurz bevor es Abend wird, kannst du und Kleiner Mond ein leises Rauschen am Waldrand hören.
Ihr seid ganz ruhig, um genauer zu lauschen.

Langsam geht ihr zu dem Bach hinunter. Auf der anderen Seite seht ihr ein Indianerdorf mit vielen Zelten. Ihr überquert den Bach, der so niedrig ist, dass ihr hindurchlaufen könnt.
Als Kleiner Mond den Federschmuck der Indianer sieht, weiß er, dass hier sein Stamm wohnt.

Für dich wird es nun auch Zeit nach Hause zurückzukehren.
Kleiner Mond schenkt dir zum Abschied seine Feder.
Du atmest nochmals dreimal tief durch, bevor du dich auf die weite Heimreise machst.
Dann streckst du die Zehen, die Füße, bewegst Arme und Beine und ballst deine Fäuste.
Du öffnest die Augen und fühlst dich wohl.

Abschluss

Die Kinde tauschen ihre Gedanken und Träume aus. Jedes Kind, das sich äußern möchte, nimmt dazu die Feder in die Hand. Zur Vertiefung können die Kinder die Feder mit Hilfe der „Reibetechnik“ auf Papier übertragen oder aus mehreren „abgeriebenen“ Federn Fantasiegestalten entwerfen.

Impulssetzung zur Entspannung im Freispiel

Stilleübungen sollten in den Alltag der Kinder integriert werden, da es wünschenswert ist, wenn sie Entspannung auch auf ihr tägliches Sozialverhalten übertragen. Es ist von Vorteil die Übungen nicht völlig isoliert von äußeren Anlässen stattfinden zu lassen.

Stilleübungen und gezielte Entspannung können in Situationen eingesetzt werden, in denen ein Zur-Ruhe-Kommen angestrebt wird. Das kann nach einem wilden Spiel sein, der Besinnung auf ein besonderes Ereignis dienen oder Ähnliches.

Auch eine Rhythmikstunde mit Entspannung abzuschließen ist sinnvoll. Durch die direkte Konfrontation mit Bewegung und Entspannung lernen die Kinder beides besser zu kontrollieren. Zum Beispiel kann die „Reise im Heißluftballon" zur Nachbereitung rhythmischer Spiele mit Luftballons und Schwungtuch eingesetzt werden.

Auch aktuelle Ereignisse (Regen, Schnee, Krankheiten...) können Anlässe für thematische Entspannungsstunden sein, um auch mit diesem Themenbereich situationsorientiert umzugehen.

Eine gute Möglichkeit Anregungen zu geben ist das Angebot einer Bilderbuchecke. Hier bietet es sich an Bilderbücher auszulegen, die Ruhe ausstrahlen und zum Fantasieren anregen. (Beispiele: Frederick, Tanzen können auch die Steine, Wolkenreise, Freunde....).

Bilder an der Wand, die zum Nachdenken und näheren Betrachten einladen, können ein Ruhepol sein, über den die Kinder Entspannung erreichen. Besonders geeignet sind hier landschaftliche und naturale Fotografien, die nur einen Ausschnitt einer Sache zeigen, z. B. einen Ast, eine schillernde Meeresoberfläche oder Ähnliches, aber zum Weiterdenken und -beschäftigen anregen.

Hilfreich kann es sein, einen Stein, eine Blume oder sonst etwas Schönes so aufzustellen, dass die tägliche Begegnung daran erinnert, kurz innezuhalten, sich Zeit zum näheren Anschauen zu nehmen.

Gesammeltes Naturmaterial wie Steine, Kastanien, Äste... wird nach der Exkursion in „Legekästen" einsortiert und mit naturfarbenen Tüchern ergänzt. Diese Materialien stehen den Kindern jederzeit zur Verfügung.

So dienen sie nicht nur der Mittelpunktgestaltung der Traumstunden, sondern regen die Kinder an sich im Freispiel zu entspannen. Erhöht wird der Anreiz für die Kinder im Spiel zu entspannen und zur eigenen Mitte zu finden durch meditative Musik im Hintergrund.

Das Angebot im Freispiel Entspannungsgeschichten auf Kassette (z. B. von Else Müller „Träume auf der Mondschaukel"), zu hören, gibt den Kindern die Möglichkeit, auch außerhalb der Traumstunde kleine Ruheinseln zu finden.

Das Ziel aller im Freispiel angebotenen Stilleerfahrungen ist, dass die Kinder sie genauso selbstverständlich nutzen wie alle anderen Spielbereiche.
So wird der Kindergarten durch dieses Angebot nicht in einen großen „Ruheraum" verwandelt, genauso wenig wie durch die Einrichtung einer Bauecke eine „Großbaustelle" entsteht.
Jedes Kind hat an jedem Tag unterschiedliche Bedürfnisse, denen mit dem Bereitstellen von bestimmten Angeboten begegnet wird. Die Auswahl trifft das Kind alleine. Da die Kinder auch zwischendurch das natürliche Bedürfnis nach Ruhe verspüren, ist es wichtig, sie durch verschiedene Impulse auf ihrem Weg zur „Ruheinsel" zu begleiten.

Neben diesen freien Angeboten können kurze Entspannungsübungen, die sofort und ohne Vorbereitung durchführbar sind, spielerisch eingesetzt werden. Mit diesen Spielen kann zum Beispiel das Ende einer gemeinsamen Aktion (eines Kindergartentages...) gestaltet werden. Die Kinder lernen durch diese angeleiteten Angebote, über ihre Konzentration ruhiger zu werden.

Schuhsalat

Alle Kinder legen ihre Schuhe in die Mitte des Stuhlkreises. Ein Kind beginnt und ordnet ein Paar Schuhe einem Kind zu. Gehören die Schuhe diesem Kind nicht, darf dieses die Schuhe einem anderen geben.

Schlafkönig

Die Kinder legen sich in einer bequemen Lage auf den Boden.
Wer sich zuerst bewegt oder redet, steht auf und passt mit auf, wer als nächstes zappelt. SchlafkönigIn wird das letzte Kind, das ruhig geblieben ist.

Stecknadel hören

Die Erzieherin fragt die Kinder, ob sie wohl so still sein können, dass sie hören, wenn eine Stecknadel fallt. Sie wartet bis alle ruhig geworden sind und lässt dann eine Stecknadel fallen. Wer sie gehört hat, hebt den Arm.

Körpermalerei

Die Kinder gehen paarweise zusammen. Ein Kind setzt sich auf den Stuhl, das andere malt eine geometrische Figur auf den Rücken. Wird die Figur erraten , werden die Rollen getauscht.

Was „geht" unterm Tisch herum?

Die Kinder sitzen mit engem Abstand um den Tisch.
Die Erzieherin gibt verschiedene Gegenstände unter dem Tisch weiter. Jedes Kind ertastet diese. Danach wird erraten, welche Gegenstände alle im Umlauf waren. Diese werden nach und nach von der Erzieherin auf den Tisch gelegt.

Autowaschstraße

Die Kinder sitzen sich in zwei Reihen gegenüber. Ein Kind darf das Auto spielen, das langsam, auf allen Vieren, durch die „Waschstraße" fährt. Durch Handmassagen wird es gewaschen, gewachst, getrocknet, gebürstet und poliert.
Das Kind, welches das Auto darstellt, erfährt die Zuwendung der Gemeinschaft. Die Gruppe selbst wird durch diese Übung ruhig und konzentriert im aktiven Tun.
Hinweis: Bevor diese Übung mit den Kindern gespielt werden kann, ist es wichtig über die Art und Stärke dieser Massageformen zu reden, da sie dem „Auto" auf keinen Fall weh tun dürfen.

Pizzabacken

Das Kind liegt bequem auf dem Bauch. Ihm wird eine kleine Geschichte erzählt und dabei begleitend mit den Händen auf den Rücken „gemalt":
Zuerst knete ich den Pizzateig.
Dann rolle ich ihn aus.
Ich streiche reichlich Tomatenmark darauf.
Schließlich muss ich noch den leckeren Käse darüber streuen.
Was fehlt denn noch?

Ach so ja, etwas Paprika, die Salamischeiben, die Tomaten und die Gewürze.
Jetzt ist die Pizza fertig.
Ach so nein, jetzt hätte ich doch beinahe das wichtigste vergessen.
Sie muss ja noch in den Backofen geschoben werden. Da darf sie sich erst einmal ausruhen.
Varianten: Im Gartenbeet, Die Geschirrspülmaschine...

Regentropfen, die auf den Rücken klopfen

Zu diesem Stillespiel gehen die Kinder paarweise zusammen. Ein Kind liegt auf dem Boden, das andere kniet sich davor.
Die Erzieherin erzählt eine Geschichte:

Es ist ein heißer Tag.
beide Handflächen auf den Rücken legen

Langsam ziehen Wolken am Himmel auf.
Hände etwas schneller und fester bewegen

Nach und nach sind die ersten Tropfen zu spüren.
Finger klopfen auf den Rücken

Mit der Zeit werden die Tropfen mehr.
schneller klopfen

Jetzt kommt ein Platzregen herunter
den Rücken mit der Hand abklopfen

Doch bald wird der Regen schwächer
Finger klopfen den Rücken langsamer ab

Die Sonne scheint wieder warm am Himmel
beide Hände auflegen

Die Kinder tauschen die Rollen, so dass jedes Kind einmal massiert wird.

Hinweis: Schön ist diese Übung auch, wenn sie mit leiser meditativer Musik untermalt wird.

Mandalamalen

Eine weitere Chance, Kindern Stille während dem Freispiel erfahrbar zu machen, liegt im Mandalamalen. Hierzu ist es günstig, wenn die Malecke gut abgeschirmt ist, damit die Kinder die Möglichkeit haben, sich in einer relativ niedrigen Geräuschkulisse zu beschäftigen.

Das Ziel dieser Kreisformen ist es, zu beruhigen und in die Stille zu führen, dahin, wo die eigene Mitte ist.

Auch ohne jede Informationen beruhigt das Mandala, vermittelt Erfolgserlebnisse und führt zur konzentrativen inneren Ausgeglichenheit.

Das Mandalamalen ist jedoch nicht nur ein reines Ausmalen, das freies Malen hemmen würde, sondern eine differenzierte Form des Gestaltens, da es nicht nur aus beliebigen Mustern besteht. Durch die unterschiedliche Interpretation der Raumaufteilung, durch Farbgebung und Variabilität bietet das Mandala viele Möglichkeiten, die eigenen Empfindungen auszudrücken.

Günstig ist es nie mehr als zwei verschiedene Mandalaformen zur Verfügung zu stellen, da sonst die Kinder mit der Auswahl überfordert sind.

Am besten malen etwa vier Kinder miteinander am Tisch, wozu zwei Schalen mit Buntstiften bereitliegen, so dass dem Teilen nicht zu viel Aufmerksamkeit abverlangt wird.

Zur Begleitung läuft sanfte Instrumentalmusik, damit die Kinder nicht zu viel Mühe haben, sich nicht miteinander zu unterhalten.

Es besteht für die Kinder auch kein Zwang, das ganze Mandala auszumalen. Weiß gelassene Teile können zur Gestaltung dazugehören oder ohne weiteres zu einem späteren Zeitpunkt mit Farben gefüllt werden.

Die ausgemalten Mandalas können die Kinder als Wandfries in der Malecke aufpinnen oder aber in ihre Traummappe heften.

Wird das Bild anschließend mit Öl eingerieben, entsteht ein transparentes Fensterbild.

Elternarbeit

Elternbrief

Werden Entspannungsübungen in einer Gruppe zum ersten Mal eingeführt, ist es sinnvoll, die Eltern kurz über das Thema „Entspannung“ zu informieren.
Um alle Eltern zu erreichen, ist hierzu ein Brief geeignet, der einen Einblick in die praktische Arbeit gewährt.

Beispiel

Kindern Stille erlebbar und erfahrbar machen – durch Fantasiereisen, Bewegungs- und Entspannungsübungen

Liebe Eltern,

Stille und Entspannung haben es im Alltagstrubel oft schwer. Die Aktion anderer stört oft den eigenen Wunsch nach Stille; diese ist jedoch auch beim Kind ein natürliches Grundbedürfnis. Kinder träumen sich oft ins Spiel hinein, sie lassen sich Zeit und „versinken“ darin.

Zusammen mit den Kindern möchte ich eine „Insel der Ruhe“ schaffen, wo es ihnen ermöglicht werden soll Fantasie zu entwickeln, ihre Gefühle auszudrücken und die natürliche Balance zwischen Anspannung und Entspannung zu erhalten.
Da Kinder noch ein stärker ausgeprägtes bildhaftes Vorstellungsvermögen als Erwachsene besitzen, bietet es sich an, dies vor allem über Fantasiereisen zu erreichen.

In Verbindung mit dem Ruheerlebnis wird den Kindern in märchenähnlichen Geschichten Wärme, Schwere und der Rhythmus des Atems vermittelt.
Die Entspannungsformeln stehen hierbei nicht isoliert, sondern sind zur Erleichterung des kindlichen Verständnisses in die Geschichte eingebettet.

Einmal wöchentlich kommen wir hierzu in einer Kleingruppe zusammen.
Über die Geschichten, die wir dort gemeinsam erlebt haben, können Sie sich an unserer „Traumwolke“ informieren.
Zudem möchten wir unsere Fantasiereisen mit allen hinterher gestalteten Kunstwerken in einer selbst gestalteten „Traummappe“ sammeln.

Transparenz der praktischen Arbeit

Damit die Eltern jederzeit einen aktuellen Einblick gewinnen können, kann eine Pinnwand im Eingangsbereich gestaltet werden. Dort können die Eltern die gemalten Traumbilder der Kinder und die dazu erstellten Fotos – die nachbestellbar sind – betrachten.
Des Weiteren können die Kinder an eine große Traumwolke aus Holz nach Beendigung einer Traumstunde symbolisch eine kleine weiße Wolke anbringen, auf der das Thema der erlebten Traumreise oder auch Freispielangebote zu diesem Thema kurz skizziert wurde. Zusätzlich können interessierte Eltern auch einen Blick auf die vollständige Geschichte werfen.

Dieselbe Funktion, nämlich die Transparenz der Arbeit, erfüllt auch eine mit den Kindern erstellte Traummappe, in der sich sowohl die Bilder als auch die Geschichten nachschlagen lassen.
Diese Mappe kann den Kindern in den Ferien mit nach Hause gegeben werden. So haben die Eltern zum einen die Möglichkeit sich zu informieren, zum anderen finden sie vielleicht selbst einmal die Zeit, ihrem Kind nochmals eine Entspannungsgeschichte vorzulesen.
Vielleicht begünstigt dies, dass die Kinder auch zuhause ab und zu solche kleinen „Inseln der Ruhe“ finden und dort weiterträumen können.

Literatur- und Tonträgerempfehlungen

Duroussy, Nathalie (Ill.): Wolf, Winfried
Indianerjunge Kleiner Mond
Nord-Süd Verlag, 1992

Friebel, Volker
Mandalareisen mit Kindern
Ökotopia Verlag, Münster 1999

Friebel, Volker
Weiße Wolken, Stille Reise
Ökotopia Verlag, Münster 1996

Friebel, Volker; Kunz, Marianne
Meditative Tänze mit Kindern
Ökotopia Verlag, Münster 2000

Keusch-Jacob, Dorothee
Das Wolkenboot
Düsseldorf 1996

Lionni, Leo
Frederick
Verlag Middelhauve 1997

Maschwitz, Gerda und Rüdiger
Sille-Übungen mit Kindern
Kösel, München 1995, 5. Auflage

Maschwitz, Gerda und Rüdiger
Gemeinsam Stille entdecken
Kösel, München 1995, 1. Auflage

Müller, Else
Auf der Silberlichtstraße des Mondes
Kösel, Frankfurt am Main 1985, 1. Auflage

Müller, Else
Träumen auf der Mondschaukel
Kösel, München 1996, 8. Auflage

Nightingale Records
Musik zur Meditativen Entspannung
Meistersinger Musik, 1994

Seyffert, Sabine
Sei ganz entspannt im Zauberland
Aachen, Bergmoser und Höller
(Sonderheft Bausteine Kindergarten)

Wilken, Hedwig
Voll Sinnen spielen
Ökotopia Verlag, Münster 1998

Zur Autorin

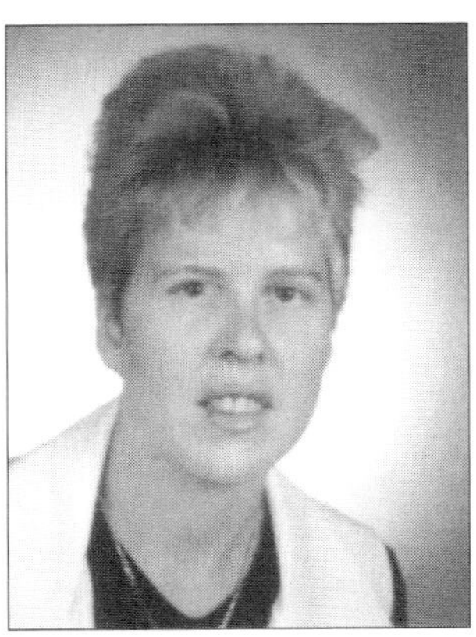

Anette Raschdorf
ist seit 1997 staatlich anerkannte Erzieherin. Sie war im Bereich der Sonderpädagogik in einem Kindergarten für geistig behinderte Kinder tätig und sammelte vor dieser Ausbildung Kenntnisse in der Kinderkrankenpflege.
Im Anerkennungsjahr zur Erzieherin leitete Anette Raschdorf das Ganzjahresprojekt „Kindern Stille als Erlebnis bereiten" in einem Kindergarten. Auf diesen praktischen Erfahrungen mit Eltern und Kindern baut der Inhalt dieses Buches auf.

Mit-Spiel-Lieder und Bücher aus dem Ökotopia Verlag

Hafenweg 26 · D-48155 Münster

Reinhold Pomaska

Gitarrenschule und Kinderlieder

An einem Abend Gitarrenbegleitung lernen

ISBN (Buch incl. CD): 3-931902-10-2

H. E. Höfele - M. Klein

Sanfte Klänge für Eltern und Babys

Musik, Informationen und Anregungen zum Träumen und Spielen

ISBN (Buch + CD): 3-931902-37-4

M. & R. Schneider

Horizonte erweitern

Bewegen, Entspannen und Meditieren mit Jugendlichen

ISBN (Buch + CD): 3-931902-40-4

Monika Schneider

Gymnastik-Spaß für Rücken und Füße

Gymnastikgeschichten und Spiele mit Musik für Kinder ab 5 Jahren

ISBN (Buch incl. CD): 3-931902-03-X
ISBN (Buch incl. MC): 3-931902-04-8

W. Hering

AQUAKA DELLA OMA

88 alte und neue Klatsch- und Klanggeschichten

ISBN (Buch): 3-931902-30-7
ISBN (CD): 3-931902-31-5

Wolfgang Hering

Kinderleichte Kanons

Zum Singen, Spielen, Sprechen und Bewegen

ISBN (Buch incl. CD): 3-925169-90-3
ISBN (nur Buch): 3-925169-91-1
ISBN (MC): 3-925169-92-X

Gisela Mühlenberg

Budenzauber

Spiellieder und Bewegungsspiele für große und kleine Leute

ISBN: 3-925169-41-5
dazu MusiCassette ISBN: 3-925169-63-6

Sabine Hirler

Kinder brauchen Musik, Spiel und Tanz

Bewegt-musikalische Spiele, Lieder und Spielgeschichten für Kinder

ISBN (Buch): 3-931902-28-5
ISBN (CD): 3-931902-29-3

Volker Friebel, Marianne Kunz

Meditative Tänze mit Kindern

In ruhigen und bewegten Tänzen durch den Wandel der Jahreszeiten

ISBN (Buch + CD): 3-931902-52-8

M. Beermann - A. Breucker

Tänze für 1001 Nacht

Geschichten, Aktionen und Gestaltungsideen für 15 Kindertänze ab 4 Jahren

ISBN (Buch incl. CD): 3-925169-82-2
ISBN (nur Buch): 3-925169-86-5
ISBN (nur MC): 3-925169-83-0

Volker Friebel

Mandalareisen mit Kindern

Naturmeditationen, Wahrnehmungsübungen, Fantasiereisen und Malvorlagen

ISBN (Buch incl. CD): 3-931902-32-3

Volker Friebel

Weiße Wolken – Stille Reise

Ruhe und Entspannung für Kinder ab 4 Jahren.
Mit vielen Geschichten, Übungen und Musik

ISBN (Buch incl. CD): 3-925169-95-4